Theo Lehmann
Ich glaub', ich träume

Theo Lehmann

Ich glaub', ich träume

Reden vom jungen Josef

Aussaat Verlag

ABCteam-Bücher erscheinen in folgenden Verlagen:
Aussaat Verlag Neukirchen-Vluyn
R. Brockhaus Verlag Wuppertal und Zürich
Brunnen Verlag Gießen und Basel
Christliches Verlagshaus Stuttgart
Oncken Verlag Wuppertal und Kassel

Titelgestaltung: Hartmut Namislow
Satz: DTP/Aussaat
Druck: Breklumer Druckerei Manfred Siegel KG
Printed in Germany
ISBN 3-7615-3590-2
Bestell Nr. 113 590

Inhalt

Streit um ein T-Shirt

Ein Vater sagt zu seinem Sohn, als der ihm seine Zensuren zeigt: „Du solltest dich schämen! In deinem Alter war Helmut Kohl Klassenbester!“
Sagt der Sohn: „Und in deinem Alter war er Bundeskanzler.“
Es gibt eben Leute, die haben grundsätzlich was an der Jugend auszusetzen. Da hat z.B. einer geschrieben: „Die heutige Jugend liebt den Luxus, hat schlechte Manieren und keinen Respekt vor dem Alter. Die jungen Leute stehen nicht auf, wenn ältere das Zimmer betreten. Sie widersprechen den Eltern, schwatzen in Gegenwart anderer, schmatzen beim Essen und tyrannisieren ihre Lehrer.“
Und ein anderer hat gesagt: „Ich habe keine Hoffnung mehr für die Zukunft unseres Volkes, wenn diese Zukunft von der leichtfertigen Jugend abhängt. Denn diese Jugend ist ohne den geringsten Zweifel von einer unerträglichen Unverschämtheit und will alles besser wissen. Als ich jung war, brachte man uns gute Manieren und Respekt vor dem Alter bei. Aber die Jugend von heute will alles besser wissen und ist voller Widerrede.“
Die beiden Herren, die das gesagt haben, heißen *Sokrates* und *Hesiod* und haben 500 bzw. 700 Jahre vor Christus gelebt. Ihr seht: Die Menschen haben sich nicht geändert. Die Jugend ist heute die gleiche wie damals, und die Alten, die über die Jugend meckern, sind auch die gleichen.
Die Zeiten haben sich geändert; die Sitten haben sich geändert; die ganze Welt hat sich geändert. Aber dreierlei ist durch die Jahrtausende hindurch gleich geblieben: Der Mensch hat sich nicht geändert – Gott hat sich nicht ge-

ändert – Gottes Wort hat sich nicht geändert. Es spielt deshalb keine Rolle, daß die Geschichte, die ich euch aus der Bibel erzähle, uralt ist, nämlich 4500 Jahre. Es ist die Geschichte eines Siebzehnjährigen.

Prinzipienmüllentsorgungskonzept

Mit siebzehn, so sagt man, fängt das Leben erst an. Da ist noch nicht alles so festgelegt. Da ist noch alles drin. Bei dem Siebzehnjährigen, von dem ich heute rede, war auch noch alles drin. Nur eins stand bei dem fest: Er wollte niemals, unter keinen Umständen, eine Sünde tun. Er wollte Gott gehorchen. Dazu war er fest entschlossen. Das war die Grundsatzentscheidung seines jungen Lebens. Ohne diese Entscheidung wäre sein Leben völlig anders verlaufen. Und auch der Verlauf deines Lebens hängt davon ab, ob du mit oder ohne Gott leben willst. Um diese Entscheidung geht es heute.

Sag nicht: „Dazu bin ich zu jung." Eben nicht! In der Bibel steht: „Denk an deinen Schöpfer in deiner Jugend!" Also nicht *obwohl* du jung bist, sondern *weil* du jung bist, will Gott dich haben. Die Frage ist bloß, *ob* du willst.

Josef, so hieß der Siebzehnjährige, von dem ich rede, Josef wollte. Er hatte sich schon als junger Mann für Gott entschieden. Das war schon damals nicht leicht. Wenn einer nach dem Grundsatz lebt „Ich will niemandem Unrecht tun," dann sollte man meinen, der müßte bei allen Leuten beliebt sein. Aber Josef war nicht beliebt. Er hatte noch elf Brüder, und die konnten ihn alle nicht leiden. Nicht etwa, weil er zu denen besonders boshaft gewesen wäre, sondern weil er ihre Bosheiten nicht mitmachte, hatten sie ein Horn auf ihn. Deshalb beschlossen sie, ihn aus dem Weg zu räumen.

Genauso war's später bei Jesus. Der war bei seinen Zeitgenossen verhaßt – nicht, weil er ein besonders schlechter Mensch gewesen wäre, sondern weil er die Heuchelei, die Verlogenheit, die Ungerechtigkeit und Lieblosigkeit nicht mitgemacht hat, deshalb beschlossen sie, ihn aus dem Weg zu räumen. Jesus war nicht tragbar, weil er zu ehrlich war, weil er die Wahrheit sagte.

So ist das immer wieder. Solange du jeden Blödsinn mitmachst, giltst du als echter Kumpel. Solange du deine Kirchensteuern zahlst und die Klappe hältst, hat keiner was gegen dich einzuwenden. Aber wenn du anfängst, konsequent nach dem Wort Gottes zu handeln, ist es aus mit deiner Beliebtheit. Solange du zu den schweinischen Witzen deiner Kumpels mitfeixt, bist du in der Clique akzeptiert.

Wenn du sie aber merken läßt, daß dich das anödet, bist du bei denen unten durch. „Das befremdet sie", steht in der Bibel, „weil ihr euch an ihren hemmungslosen und unordentlichen Praktiken nicht mehr beteiligt, und deshalb lästern sie über euch" (1 Petr 4,4). Unkollegial, weltfremd, dämlich nennen sie dich dann. Und wenn du sagst: „Ich kann über eure blöden Witze nicht lachen, weil ich Christ bin", dann sagen sie: „Andere Christen können's doch auch. Hab dich doch nicht so zimperlich. Du bist ja übertrieben, extrem, fanatisch!"

Und heute wird jeder, der konsequent nach der Bibel lebt, als „Fundamentalist" abqualifiziert – als ob das was Negatives wäre, wenn einer die Bibel als Lebensfundament hat. Im Gegenteil, mit beiden Beinen fest im Wort Gottes stehen – das ist der sicherste Standpunkt der Welt.

Halbe Christen, die alles mitmachen, läßt sich die Welt gerne gefallen. Die sind harmlos, die stören nicht, vor denen fürchtet sich keiner, vor denen hat aber auch keiner Respekt. Aber sobald du mit Gott ganze Sache machst, ihm dein Leben ganz gibst, ganz gehorchst, ganz nach der Bibel lebst, machst du dich bei deiner Umgebung auffällig oder sogar unbeliebt.

Der Besserjosy

Viele Christen sind mächtig scharf drauf, von aller Welt als guter Kumpel anerkannt zu werden.
Manche passen sich so gut an, reden, schreiben und tun dasselbe wie die andern, daß man sie von einem Ungläubigen schon nicht mehr unterscheiden kann, und darauf sind sie noch stolz. Ein Mensch, der mit Gott lebt, ist anders, muß anders sein als einer, der ohne Gott lebt. Das merkt man dem an. Merkt man dir das eigentlich an? Dem Josef jedenfalls merkten das seine Brüder sehr deutlich an. Nicht daran, daß er zur Kirche ging am Feiertag, sondern an seinem Verhalten im Alltag. Wenn die während der Feldarbeit ihre Zigarettenpause machten und blöde rumquasselten, z.B. ihre Verwandtschaft madig machten, also beim Familientratsch, da machte er eben nicht mit. Klar, daß das seinen Brüdern nicht paßte. Umso mehr gefiel das seinem Vater. Das war der alte Jakob, der hatte viele graue Haare, denn er hatte viele Kinder – Stücker 12 Jungen. Mit denen hatte er einen Haufen Ärger gehabt. Einige hatten gehurt, andere gemordet. Schon damals gab es also eine ziemlich hohe Jugendkriminalität. Da kann man verstehen, daß Papa Jakob froh war, daß wenigstens einer seiner Jungs ein frommes Leben führte. Man kann verstehen, daß er Josef besonders liebte. Aber es war falsch, daß er ihn besonders bevorzugte. Es bringt immer Ärger, wenn Eltern ein Lieblingskind haben und es offensichtlich bevorzugen.
Eines Tages schenkt Jakob seinem Josef ein besonders

poppiges T-Shirt. Vorn die amerikanische Flagge mit dem Kopf von Gorbatschow, hinten Michael Jackson mit Hammer und Sichel – also ideologisch nicht tragbar, aber vom rein bekleidungsmäßigen Standpunkt aus betrachtet ein Traum von einem Hemd.

Als die elf Brüder in ihrem etwas weniger farbenfrohen Versandhaus-Katalog-Hemden das schreiend bunte T-Shirt sahen, wurde es ihnen zu bunt. Sie packte der Neid. Und dazu kam noch folgendes: Josef hatte zwei Träume. Ehrlich und geradezu, wie er nun mal war, erzählt er die brühwarm beim Frühstück seinen Brüdern: „Wir waren auf dem Feld und banden das Getreide in Garben zusammen. Da richtete sich meine auf und blieb aufrecht stehen. Eure dagegen bildeten einen Kreis darum und verbeugten sich tief vor meiner Garbe.“ „Was, du willst also König werden und dich als Herrscher über uns aufspielen?“ schrien seine Brüder (1 Mose 37,7-9). Sie haßten ihn noch mehr, weil er ihnen von diesem Traum berichtet hatte.

Bald darauf hatte Josef wieder einen Traum, und auch diesen erzählte er seinen Brüdern. „Ich sah, wie die Sonne, der Mond und elf Sterne sich tief vor mir verbeugten.“

Das war der Gipfel. Der Bursche träumte also davon, was Besseres zu sein – die Wut der Brüder steigerte sich zur Weißglut. Jetzt warteten sie bloß noch auf eine Gelegenheit, ihr traumhaftes Brüderchen mal so richtig reinzulegen. Diese Gelegenheit kam sehr schnell.

Im Hassen nicht zu fassen

Als die Brüder mit den Herden weit weg auf der Weide waren, durfte Josef daheim bei Vatern bleiben und mit seinen Meerschweinchen spielen. Eines Tages ruft ihn sein

Vater: „Komm mal her! Ich will dich zu deinen Brüdern schicken."
Josef hatte bestimmt keine Sehnsucht nach denen. Trotzdem sagt er sofort: „Hier bin ich. Ich gehe." Gott, unser Vater im Himmel, ruft uns oft genauso zu bestimmten Aufgaben.
Bist du auch so schnell bereit, Gottes Aufträge auszuführen, auch dann, wenn du keine Lust hast? Wie lange brauchst du manchmal, bis du endlich das tust, was Gott von dir verlangt? Wieviel Ausreden hast du schon vorgebracht, wie oft dich taub gestellt, wie oft hast du nicht gehorcht?
Ein Prediger hatte in seinem Zimmer einen Zettel an die Wand gezweckt, da standen drei Worte drauf: *Ganz! Gern! Gleich!* Das ist der Schlüssel zu einem gesegneten Leben. Völliger, bereitwilliger, pünktlicher Gehorsam gegenüber Gott. Du wirst es bestimmt nicht bereuen, wenn du diese drei Worte zum Grundsatz deines Lebens machst: Ganz! Gern! Gleich!
Josef übernimmt sofort den Auftrag seines Vaters, zu seinen Brüdern zu gehen. Du hast, wenn du ein Kind Gottes bist, genau den gleichen Auftrag. Wenn du z.B. zum Bund, zur Ausbildung, zum Studium in eine fremde Stadt kommst, dann suche möglichst schnell Kontakt zu anderen Christen. Fang in deiner Stube, in deiner Kompanie an, und wenn du Ausgang hast, dann schiel nicht bloß nach der nächsten Kneipe und den Mädchen, sondern paß auf, wo eine Kirche steht und wo du Glaubensbrüder finden kannst. Du kannst sicher sein, daß dich deine Brüder mit offenen Armen empfangen und nicht so feindselig wie die damals den Josef.
Als die ihn entdecken, wie er auf sie zumarschiert kommt, johlen sie gleich los: „Da kommt ja unser Träumer!" Und wie sie ihn näherkommen sehen, in seinem bunten

Hemd, da kommt ihnen der alte Haß hoch, und dann kommt ihnen eine Idee: Das ist die Chance, diesem Spinner zu beweisen, was seine Träume wert sind. Die Gelegenheit ist günstig, weit und breit kein Mensch zu sehen: „Und sie machten einen Plan, ihn zu töten" (V. 18).
Zu *töten*! Das muß man sich mal vorstellen! Das steht ja in keinem Verhältnis zu dem, was sie gegen den Josef hatten. Ich meine, mal so 'ne richtige Tracht Prügel, das wär' ja unter Brüdern noch 'ne angemessene Umgangsform gewesen. Aber Haß macht maßlos. Haß macht blind. Wenn du lange genug den Haß in deinem Herzen züchtest, dann bist du schließlich zu allem fähig, bloß nicht mehr zum logischen Denken. Wozu hassende Menschen fähig sind, kannst du überall sehen, wo Krieg ist. Ohne Haß gäbe es keinen Krieg. Wenn wir eine Welt ohne Kriege wollen, müssen wir als erstes aufhören zu hassen. Durch den Haß bekommt die Welt keinen Frieden, bekommst du keinen Frieden in deinem Leben. Deshalb rate ich dir: Schmeiß den Haß aus deinem Herzen, bevor er dich überwältigt und du dich und andere unglücklich machst. Wenn du einen Menschen haßt – du hörst seinen Namen, und schon kommt dir die Galle hoch, du könntest ihn ohrfeigen, bloß wenn du ihn siehst – dann bring diesen Haß zu Jesus. Sag ihm: „Herr, ich kann diesen Kerl einfach nicht riechen, und ich kann ihn erst recht nicht lieben. Bitte, hilf mir, bitte, nimm mir diesen Haß!"
Am besten ist es, du gehst in so einem Fall zu einem Seelsorger und erzählst ihm alles. Das Bekenntnis der Sünde ist der erste Schritt zur Befreiung. Wenn du eine Sünde – und Haß ist eine – offen aussprichst, versetzt du ihr schon einen tödlichen Stoß. Sünde ist Widerspruch gegen Gott. Beim Haß verachtest du ein Geschöpf Gottes, beleidigst einen Freund Gottes und tust damit Gott weh. Sprich dich aus, vor Gott und Menschen, und wenn es dich noch so

große Überwindung kostet, aber dulde keine Sünde in deinem Herzen, denn das kostet dich noch viel mehr.

Kidnapping als happening

Josefs Brüder hatten nichts gegen ihren Haß getan, und jetzt schlugen die Wellen des Hasses über ihnen zusammen: „Kommt, wir töten den und schmeißen ihn in eine Grube" (V. 20).

Alle sind dafür, bis auf einen. Wo die Mehrheit ist, ist nicht immer die Wahrheit. Die falschen Dampfer sind meistens überfüllt. Der einzige, der gegen den Plan ist, ist Ruben.

Eigentlich war Ruben ein ziemlicher Rohling. Der hatte sogar schon mal mit seiner Stiefmutter geschlafen, und seither hatte das Verhältnis zwischen ihm und seinem Vater einen unheilbaren Knacks. Ruben wußte, was es heißt, dem Vater einen Schmerz zuzufügen. Das wollte er nicht noch mal. Aber er wagte nicht, das seinen Brüdern zu erklären, aus Angst, die könnten dann sagen: „Das erzählst du uns? Rücksicht auf den Vater? Ausgerechnet du? Du hast genug Dreck am Stecken. Du hast dem Vater genug Ärger gemacht. Du bist echt der Letzte, der sich hier als Moralprediger aufspielen könnte." Also sagt er lieber nichts. Seine Sünde verschließt ihm den Mund. Sie nimmt ihm die Kraft, gegen die Sünde der anderen zu protestieren.

So geht das, wenn du in deinem Leben eine Sünde hast. Dann hast du keine Kraft mehr, dich gegen das Unrecht zu wehren und andere von der Sünde abzuhalten. Die anderen wußten, daß Ruben mal mit seiner Stiefmutter geschlafen hatte, und damit hatten sie ihn in der Hand. So wie die Stasi jeden in der Hand hatte, von dem sie irgendwas Unrechtes wußte. Ich weiß nicht, wie die vielen Spitzel, die über mich berichtet hatten, zur Stasi gekommen sind. Aber ich vermute, daß viele einfach zur Mitarbeit gezwungen wurden, weil sie erpreßbar waren. Wie dem auch sei, ich weiß jetzt, wie viele jeden Jugendgottesdienst für die Stasi mitgeschrieben haben. Manche haben sich in unsere Mitarbeiterschaft eingeschlichen. Manche haben die Frechheit besessen, sich hier vorn hinzusetzen und vor meinen Augen die Predigt mit dem Kassettenrecorder aufzunehmen, als ob es für sie privat wäre, dabei war es für die Stasi. Es hat sich kein einziger von denen bei mir gemeldet oder entschuldigt.

Im Jüngsten Gericht kommt sowieso alles raus, deshalb rate ich jedem: Erstens, paß auf, daß es in deinem Leben keine Sünde gibt, damit dich keiner erpressen kann. Und zweitens, wenn's passiert ist, dann schleppe keine Sünde mit dir rum, du machst es dadurch nur schlimmer.

Egal, wer oder was dich knechtet, du kannst davon frei werden. Es gibt einen, nur einen, der dich frei macht von jeder Schuld, von jeder Bindung. Ich sage: *von jeder*. Und das ist Jesus. Gib ihm dein Leben, und du bist gerettet. Du bist frei. Du kannst leben ohne Angst vor den anderen, ohne Haß auf die anderen, ohne vor dir selber ausspukken zu müssen, wie Ruben. Dem ist völlig klar, in welche Schweinerei er hier reingezogen wird, aber er hat keine Kraft, sich gegen die Mehrheit der Mörder zu stemmen. Er startet wenigstens einen schwachen Versuch, seinen Bruder zu retten, und sagt: „Vergießt kein Blut, sondern werft ihn bloß in die Grube" (V. 22). Auf diesen Vorschlag gehen sie ein, aber Ruben geht fort. Er kann es nicht mit ansehen, wie sie sich auf Josef stürzen. Er verschließt vor dem Unrecht die Augen. Das spricht ihn nicht von der Mitschuld frei. Denn es stimmt, was Martin Luther King gesagt hat: „Wer auch nur passiv zum Bösen schweigt, macht sich ebenso schuldig wie der, der mithilft, es zu tun."

Fisimatenten im fiesen Match

Josefs Brüder fallen über ihn her – fast ein Dutzend gegen einen. Als erstes reißen sie ihm das verhaßte T-Shirt runter, dann schmeißen sie ihn runter in die Grube: „Soll er schreien, verdursten, verrecken. Was geht's uns an? Den sind wir los." Nächster Satz: „Und sie setzten sich nieder, um zu essen" (V. 25). Mahlzeit!
Das muß man sich mal vorstellen: Die Mörder veranstalten wenige Meter neben der Grube, in der ihr unschuldiges Opfer liegt, ein fröhliches Picknick. Sie fressen die Leckerbissen, die Josef ihnen vom Vater mitgebracht hatte. Und während Josef aus der Grube schreit: „Meine Brüder, meine Brüder, warum habt ihr mich verstoßen?", da überlegen sie nur, was sie mit seinem bunten T-Shirt anfangen könnten. Und es stört sie nicht, daß da ein Unschuldiger leidet. Sie verspotten ihn noch: „Na, wie träumt sich's da unten? Träumst du immer noch davon, der Boss von uns zu sein, vor dem wir uns verbeugen müßten? Steig doch rauf, wenn du der Größte bist!"
Zweieinhalbtausend Jahre später wird Jesus von seinen Blutsbrüdern ans Messer geliefert. Es stört sie nicht, daß da ein Unschuldiger am Kreuz hängt, und sie verspotten ihn auch noch: „Na, träumst du immer noch davon, unser König zu sein? Wenn du der Herr, der Höchste bist, dann steig doch runter!" Und sie überlegen nur, was sie mit seinem Hemd anfangen können, um das sie würfeln und auf das sie alle scharf sind. Und während Jesus schreit: „Mein Gott, mein Gott, warum hast du mich verlassen?", da feilschen sie ein paar Meter weiter um seine Klamotten. Jesus

starb, aber nach drei Tagen hat Gott ihn aus seinem Grab rausgeholt. Josef holt er schon nach drei Stunden aus seiner Grube. Da kam nämlich eine Karawane, die zog ins ferne Ägypten. Was also lag näher, als den lästigen Josef auf diesem Wege abzuschieben und noch ein Geschäft daraus zu machen, denn damals verkaufte man Menschen als Sklaven für Geld.

Einer der Brüder, er hieß Juda (fast wie der Verräter von Jesus), rief beim Anblick der Karawane: „Was haben wir davon, wenn wir unseren Bruder töten und hier in die Grube stecken? Wir verkaufen ihn, damit sich unsere Hände nicht an ihm vergreifen, denn" (und jetzt kommt der Gipfel der Heuchelei) „denn schließlich ist er ja unser Bruder, unser Fleisch und Blut" (V. 27). Und so verkaufen sie ihr Fleisch und Blut für zwanzig Silberstücke. Damals waren die Preise noch niedrig, aber auch im Menschenhandel sind die Preise gestiegen. Als später der Jünger Judas Jesus verkaufte, erzielte er bereits dreißig Silberstücke, und heute ist der Handel mit Menschen oder menschlichen Teilen, mit Organen und Embryonen ein Geschäft, mit dem Millionen gemacht werden. Der Fortschritt der menschlichen Geldgier, Grausamkeit und Gottlosigkeit ist gigantisch.

Während Josef im Sklaventreck mit nacktem Oberkörper durch die Wüste in Richtung Ägypten abmarschiert, bespritzen seine Brüder sein buntes T-Shirt mit Blut, schikken es seinem Vater und heften einen Zettel dran: „Sorry, Papa, das haben wir in der Wüste gefunden. Ist das nicht zufällig das Hemd Deines Sohnes? Sieht mächtig böse aus. Scheint ihn ein Löwe erwischt zu haben. Herzliches Beileid. Deine Dich liebenden Kinder."

Abkippen und Ausflippen

Vater Jakob ist untröstlich. Ist fertig. Er denkt, muß es ja denken, daß Josef tot ist. Als die Brüder heimkommen und ihren Vater in seiner Trauer sehen, dreht es ihnen das Herz rum. Aber sie können ihm ja nicht sagen, daß Josef lebt. Dann käme ja alles raus. Dann hätten sie ja ihre Schuld bekennen müssen. Es wäre hundertmal besser gewesen, die ganze Schuld zu bekennen, als mit dieser Last weiterzuleben. Zweiundzwanzig Jahre lang stehen sie unter dem Druck ihrer Schuld. Zweiundzwanzig Jahre lang Josefs Geburtstag, wo der Vater heult und eine Kerze anzündet. Zweiundzwanzig Jahre lang Angst und ein schlechtes Gewissen – bis dann sowieso alles rauskommt. Hast du auch sowas in deinem Leben, das wie eine Last auf deiner Seele liegt, dich fertig macht, dich noch in deinen Träumen quält? Gib es doch zu! Sprich dich aus! Bekenne die alte Geschichte, die dein ganzes Leben zerstört! Du machst dich nur noch unglücklicher, wenn du es nicht tust. Und wenn es dir noch so schwer fällt, wenn es dir peinlich ist, du dich blamierst, schämst, wenn du mit einer Strafe rechnen mußt – das alles ist immer noch besser als ein schlechtes Gewissen und die Strafe im Jüngsten Gericht, wo sowieso alles raus und zur Sprache kommt. Ich rede jetzt nicht zu denen von euch, die bloß so paar Puppensünden haben, Kleinkram, der nicht so ins Gewicht fällt, obwohl auch das bekannt und bereinigt werden muß. Sondern ich wende mich jetzt an die, die einen richtigen Brocken auf dem Buckel haben, die unter dem Gewicht ihrer Schuld leiden, die sie loswerden möchten, sich aber zu keiner Aussprache trauen. Freunde, ich weiß, wie schwer, wie unheimlich schwer das ist, vor einem Menschen Dinge auszusprechen, für die man sich zu Tode schämt. Ich hab' welche gesehn, auch junge Männer, die haben geheult, die haben gewürgt, die konnten kaum sprechen vor Scham, das ist ein harten Kampf. Im Kreis der Kumpel an der Pommesbude beim Frittenfressen die große Fresse haben, das kann jeder Feigling. Aber Sünde zugeben, dazu gehört Mut. Ich kann euch nur sagen: Es gehört zu den wunderbarsten Erfahrungen meines Lebens, wenn ich sehen konnte, wie von so einem unglücklichen Menschen eine Last abfällt, es ihm leichter wird. Wie ein Menschengesicht sich verwandelt von der Angst in die Freude. Wie einer dann, wenn's endlich raus ist und er Gottes Vergebung erhalten hat, aufatmet, aufsteht und mit einem glücklichen Gesicht davongeht. Das ist eine neue Geburt.

Ich möchte dir Mut machen, endlich diesen Schritt zu tun. Denn wenn es dir äußerlich noch so gut geht – was nützt dir das, wenn du keinen Frieden mit Gott hast? Dann bist du zwar am Leben, aber praktisch bist du tot. Denn ein Leben in Angst, in Schuld, in Abhängigkeit, gebunden an den Alkohol, zerfressen vom Haß, ein Leben ohne Freude, ohne Hoffnung, ohne Vergebung – das ist eben kein Leben. Aber du kannst ein neues Leben haben, wenn du willst. Egal, wie dein Leben bis jetzt verlaufen ist und in wieviel blöden Sachen du drinhängst – du kannst raus! Komm, sprich deine Schuld aus, und deine Sklaverei ist vorbei. Es gibt einen Weg in die Freiheit, auch für dich. Es gibt einen, der, wenn er deine geheime Schuld erfährt, dich nicht fertig macht, dich nicht erpreßt, dir nicht eins auswischt, sondern der deine Schuld wegwischt wie ein Fensterputzer ein schweinisches Graffiti von der Fensterscheibe, und dann siehst du wieder Land im Leben. Laß dir von Jesus deine Schuld vergeben.

Einen freien Menschen in einen Sklaven der Sünde verwandeln, das haben die Menschen zu allen Zeiten fertiggebracht. Aber einen Sklaven der Sünde in einen freien

Menschen verwandeln, das bringt nur Jesus fertig. Er hat die Last deiner Schuld getragen, damit du frei und aufrecht durch dieses Leben und in das ewige Leben gehen kannst.

„Kein Problem ist ihm zu groß,
keine Last ist ihm zu schwer,
denn er trug ja für alle das Kreuz."

Sofa soft als Treue-Test

Josef war ein junger Mann von siebzehn Jahren, lebte im 25. Jahrhundert vor Christus und war von seinen eigenen Brüdern als Sklave nach Ägypten verkauft worden. Und nun sitzt er da. Kein Mensch kennt ihn (er ist Ausländer). Keiner versteht ihn (er kann kein Ägyptisch). Keiner liebt ihn, keiner kümmert sich um ihn. Er ist mutterseelenallein. Bei ihm geht es nach der Melodie des alten Negro Spirituals, das seine schwarzen Schicksalsbrüder in der Zeit der amerikanischen Sklaverei sangen:

Sometimes I feel like a motherless child,
A long ways from home.
Manchmal fühl' ich mich wie ein mutterloses Kind,
weit weg von zu Hause.

Zu Hause gilt er als tot, in Ägypten als bloße Nummer in einem riesigen Sklavenheer. Viehisch harte Arbeit, mörderisch heißes Klima, barbarische Behandlung und keine Hoffnung, daß sich das jemals ändern könnte. Nie wieder wird er seine Heimat, seinen Vater, die Freiheit sehen. Für ihn ist das Leben mit Siebzehn zu Ende.
Wenn das die Geschichte eines Siebzehnjährigen aus unserer Zeit wäre, wäre sie jetzt auch zu Ende, dann würde es nur noch heißen: „In seiner Verzweiflung beging er Selbstmord." Viele Menschen machen mit ihrem Leben Schluß, denen es längst nicht so dreckig geht wie dem Josef. Und wenn du in deiner Schublade schon die nötige Dosis Tabletten gesammelt hast, um dich eines Tages umzubringen, dann rate ich dir: Schmeiß die Tabletten dort-

hin, wo sie hingehören – ins Klo! Und geh du dorthin, wo du hingehörst – zu Gott! Gott hat dich gemacht, und er hat dich lieb. Er möchte, daß dein Leben gelingt. Also wirf es nicht einfach weg, sondern lege es in die Hände Gottes.

Paradox statt Paradies

Wenn einer Grund gehabt hätte, den Löffel abzugeben, dann war es Josef. Wenn der sein Unglück und sich selber von früh bis abends bejammert hätte, wenn der die Gemeinheit der Welt und speziell der lieben Verwandtschaft, wenn der Gott und seine Träume verflucht und sich einen Strick genommen hätte, dann wäre das nur verständlich gewesen. Aber Josef verflucht sein Schicksal nicht. Er nimmt sich nicht das Leben. Er ist noch nicht mal unglücklich. Sondern er ist, so heißt es 1. Mose 39,2 ausdrücklich, *glücklich*. Glücklich trotz seiner niederschmetternden Lebensumstände.
Die meisten Menschen erwarten ihr Glück von den äußeren Umständen. Ich hab' mal versucht, mir vorzustellen, wie das so vor über hundert Jahren gewesen ist. Da gab es nur eine kleine Schicht von Reichen, und die Mehrheit, vor allem die Arbeiterschaft, war arm. Die Kirche, satt und verbürgerlicht, vertröstete die Leute auf ein besseres Jenseits, zumindest wurde das von vielen so verstanden. Da traten welche auf und sagten: „Schluß mit der Vertröstung auf den Himmel, wir schaffen jetzt das Paradies auf Erden." Man kann sich heute nur noch schwer vorstellen, welche Begeisterung damals die Proletariermassen erfaßt hat, mit welchem Elan, mit welcher Hoffnung die sich an die revolutionäre Arbeit gemacht haben: „Wir schaffen das Paradies auf Erden!" Inzwischen – und ich sage das ohne jede Häme – kam eine große Ernüchterung. Die Leu-

te haben gemerkt: So schnell geht das nicht. Eine Generation nach der andern sank ins Grab, ohne das Paradies erlebt zu haben. Auch der Sozialismus, inzwischen selber verstorben, hinterließ kein Paradies, sondern mehr als 150 Millionen Ermordete. Jetzt ist niemand mehr da, der uns sagen kann, wann das Paradies erreicht werden wird. Erreicht worden ist allerdings schon ziemlich viel. Es geht uns so gut wie nie zuvor: Fernseher und Waschmaschine sind selbstverständlich. Wir sitzen in unseren vollgestopften Wohnungen. Materiell fehlt es an nichts. Trotzdem sind Millionen Menschen enttäuscht. Die haben gedacht: Wenn ich das und das erreicht habe – das Auto, das Einkommen, das Haus, den Lebensstandard, dann bin ich glücklich. Jetzt haben sie das alles. Aber das große Glück ist nicht gekommen. Im Gegenteil, es wächst die Unzufriedenheit, der Neid, die Gier nach mehr, die Enttäuschung. Es wächst die Zahl der Selbstmorde, je mehr der Lebensstandard steigt. Was ist hier eigentlich los?

Pech für die glücklichen Kühe

Ich denke an Barry McGuire. Sein Protestsong „Eve Of Destruction" wurde zum Welthit, seine Broadway-Musicals brachten ihm Weltruhm und ein Vermögen – aber glücklich war er nicht.

„Daran änderte auch nichts," so erzählt er, „daß ich Tausende von Dollars verdiente, im Gegenteil, ich fühlte immer stärker, seelisch unbefriedigt zu sein und effektiv keine Erfüllung zu haben. Alles Schöne dauerte immer nur ein paar Tage, ein paar Stunden, und dann brach das Glück in Stücke, und als Endresultat allen beruflichen Erfolges sah ich nur, daß wir alle auf dem Weg ins Grab waren.

Showbusiness ist ungefähr wie ein Jahrmarkt: Du fährst im Karussell vielleicht ein dutzend Mal, und dann stinkt's dich an. Und es ist so, wie B.B. King in seinem Blues gesungen hat: ‚The thrill is gone.' Der Reiz ist weg.
Und wenn du das erstmal gemerkt hast – warum dann den Zirkus weitermachen?
In den letzten vier Jahren haben dreizehn meiner Freunde Selbstmord begangen. Weil sie an dem Punkt waren: ‚The thrill is gone.'"
Eines Tages spricht ihn auf der Straße ein Typ an und sagt ihm in drei Sätzen die Formel für das Glück: „Ich ging gerade in Los Angeles einkaufen, und einer von den Jesuspeople kam zu mir und sagte: ‚Jesus liebt dich; er kommt wieder; bist du bereit?'
Ich stieß ihn weg und sagte: ‚Hau ab, du Spinner.' Ich wollte ihn eigentlich zusammenschlagen.
Aber irgendwie pflanzte er eine Saat in mich, die nicht mehr rauszukriegen war."
Das war der Anfang seiner Bekehrung. Seitdem reist Barry McGuire durch die ganze Welt und singt von Jesus.
Ein Reporter fragte ihn: „Vermißt du nicht den Erfolg von Hollywood, das Berühmtsein?"
„O Mann, ich sage dir das eine: Ich war einfach noch nie so glücklich in meinem Leben, verstehst du. Es gibt nichts Schöneres, als mit Jesus ein neues Leben anzufangen."
Dieser Mann hat ein Glück gefunden, das nichts mit materiellem Besitz zu tun hat. Das ist unabhängig von den äußeren Umständen. Das ist das Glück, das auch Josef hatte. „Und der Herr war mit Josef, so daß er ein Mann wurde, dem alles glückte" (1 Mose 39,2).
Kann man das von dir auch sagen? Wenn du dein Glück anhängig machst von Dingen und Menschen, wirst du immer wieder reinfliegen. Menschen, die du liebst, lassen dich plötzlich sitzen oder der Tod nimmt sie dir. Deine

Gesundheit geht kaputt. Dein Arbeitsplatz ist futsch. Es kommt alles anders, als du denkst – und schon drehst du durch. Aber wenn du Verbindung mit Gott hast, hast du ein Glück, das auch bei den schwersten Schicksalsschlägen nicht zerbricht. Du hast keineswegs, wenn du an Gott glaubst, immer bloß Grund zum Lächeln, denn du erlebst die gleichen Schicksalsschläge wie andere. Aber du erträgst sie anders. Als ich am Grab meiner Mutter stand, habe ich geheult, aber ich war trotzdem glücklich, weil ich wußte, daß sie bei Gott war. Glücklich unter Tränen – das ist ein Glück, das ist ganz tief innen, verstehst du? Nein, verstehst du nicht. Das kann ich dir nicht beschreiben, ich kann es nur bezeugen – und anbieten! Dieses unzerstörbare Glück, das nicht mal der Tod zerstören kann, kannst du haben, wenn du Jesus hast. Er ist der einzige Weg – auch zum Glück.

Genauso hohl wie frivol

Ob du glücklich oder unglücklich bist, das liegt nicht an deinen äußeren Verhältnissen, das liegt an deinem Verhältnis zu Gott. Es war Josefs Glück, daß er mit Gott lebte. Deshalb drehte er in seiner Sklavenmühle nicht durch, sondern er hielt durch. Er drehte sogar auf, er stieg auf wie eine Rakete, bis es ihm nach ein paar Jahren äußerlich glänzend ging. Er rückte auf zum persönlichen Diener eines gewissen Herrn Potifar. Der war ein hohes Tier bei der ägyptischen Regierung. Wenn der auf Dienstreise ging, verwaltete Josef sein ganzes Haus. Und da begegnete ihm eines Tages das sogenannte Glück in der Gestalt einer Frau, der Frau von Potifar. Die war wie ein Osterei: außen angemalt, innen ausgekocht und hohl. Diese Lady hatte den ganzen Tag nichts weiter zu tun, als ihre Fingernägel zu lackieren und ihre Brillanten zu sortieren, sowas füllt den Menschen natürlich nicht aus. Wenn jemand nichts zu tun hat, kommt er schnell auf dumme Gedanken. Und weil ihr Alter dauernd auf Achse war, warf sie ein Auge auf den Jungen, unsern Josef. Denn der, so heißt es in Vers 6, hatte „eine gute Figur und ein schönes Gesicht" – so eine Mischung aus Arnold Schwarzenegger und Günter Jauch. Erst kam sie ihm auf die mütterliche Tour: „Sie armer Junge, so allein hier in der Fremde", und steckte ihm mal paar Camel oder einen Kaugummi zu.

Eines Abends, es ist kurz nach Acht, sie knabbert gerade ein After Eight und liegt in der stabilen Seitenlage auf ihrem Sofa, eingehüllt in ein leichtes Negligé und eine schwere Wolke Chanel Nr. 5. Sie vertraut auf den alten Grundsatz: Das schwächere Geschlecht ist das stärkere wegen der Schwäche des stärkeren für das schwächere. Sie klingelt nach Josef, der erscheint mit dem Tablett mit dem Mokka-Tässchen, sie rückt auf dem Sofa beiseite und lädt ihn ein: „Komm, leg dich zu mir." Und sie lüftet ein wenig ihr kurzes Hemdchen und flötet: „Komm, schlaf mit mir."

Josef war ein junger Mann von 18 Jahren (seit Beginn der Predigt ist inzwischen ein Jahr vergangen), und sein Puls stieg auf 180. Vor ihm schlängelte sich dieses Superweib auf dem Sofa, der Herr Gatte auf Dienstreise, diese Chance, dieses Parfüm – ihm wurde schwach und schwindlig. In solchen Situationen, wo das Feuer der Leidenschaft lodert, schmelzen oft die festesten Vorsätze dahin wie Wachs. Du nimmst dir fest vor, irgend etwas nicht wieder zu tun, du kämpfst mit aller Kraft gegen die Versuchung und zack, da passiert es dir wieder. Und du schämst dich, bist verzweifelt über deine Schwäche.

Mein Lieber, solange du bloß mit deinen guten Vorsätzen und deiner eigenen Kraft gegen die Versuchung kämpfst,

wirst du unterliegen. Hör auf, alleine kämpfen zu wollen. Das ist aussichtslos. Die Versuchung ist sowieso stärker als du. Aber Jesus ist stärker als die Versuchung. Nimm dir ihn als Bundesgenossen. Nimm seine Kraft in Anspruch, er ist der Sieger. Dein Wille ist zu schwach. Also geh mit Gottes Willen zusammen, du weißt ja: Einigkeit macht stark. Ob es sich bei dir um eine geschlechtliche Versuchung handelt, um den Drang zu stehlen, zu lügen, zu übertreiben, anzugeben – ruf Jesus an. Beruf dich auf seinen Sieg, und er wird dir die Kraft geben, um zu überwinden. Alles andere nützt dir gar nichts.
Zum Beispiel ist es zwecklos zu diskutieren. Die Diskussion ist meistens schon der erste Schritt zur Kapitulation. Josef weigert sich zwar, mit seiner Chefin zu schlafen, aber dann fängt er an, mit ihr zu diskutieren, zu argumentieren. Das ist eine schwache Leistung. „Sehen Sie, gnädige Frau", sagt er, „das geht doch nicht, das wäre doch ein Vertrauensbruch gegenüber Potifar, Ihrem Mann und meinem Chef." Einer Frau, die entschlossen ist, ihren Mann zu betrügen, etwas von Vertrauen zu erzählen, ist doch sinnlos.

Mach dich nicht zum Weichei

Wenn du mit jemandem zu tun hast, dem Vertrauen, Treue, Gerechtigkeit, Wahrheit, Anständigkeit, Reinheit und Gewissen egal sind, dann kannst du dem doch nicht mit solchen Sachen kommen. Sowas zählt für diese Typen überhaupt nicht. Außerdem finden die für jedes deiner – sicher richtigen – Argumente ein Gegenargument. Der Versucher, der Teufel, egal, in welcher Gestalt er dir begegnet, ist nie durch eine Diskussion zu schlagen. Im Gegenteil, die ist ja gerade seine Methode, um dich weich zu klopfen. Denn die Diskussion ist seine ureigene Erfindung. Auf diesem Gebiet ist er absoluter Meister. Das kannst du schon auf den ersten Seiten der Bibel nachlesen beim Fall Adam und Eva. Da wird die Diskussion eröffnet mit der Frage: „Sollte Gott das gesagt haben?“ Schon durch das Stellen dieser Frage wird der Zweifel in die Gültigkeit von Gottes Wort gesät, und jeder kann sehen, wo das hinführt. Auch in unserem Fall kommt Josef mit seinen Argumenten nicht weiter. Aber da besinnt er sich im letzten Moment, bevor ihm die Sinne schwinden und es zur Niederlage auf dem Sofa kommt, auf das einzige, auf den einzigen, der in solchen Situationen noch zählt und hält, und das ist Gott.

Als die Frau ihm keine Ruhe läßt und ihr Hemdchen immer höher rutscht, sagt er: „Nein, ich mach da nicht mit, denn wie sollte ich so ein großes Unrecht tun und gegen Gott sündigen?“ (Vers 9).

Josef nennt also das, was die Frau von ihm will, mit ihr zu schlafen, eine Sünde. Und wenn du das für überholt, spießig, unmodern und als bürgerliche Moral abtust, ist das vollkommen uninteressant. Es geht hier um die Sicht der Bibel und nicht der Bravo. Und der Maßstab, nach dem dein Leben im Jüngsten Gericht beurteilt wird, wird nicht die Bravo, sondern die Bibel sein. Und die Bibel nennt jedenfalls Geschlechtsverkehr zwischen Leuten, die nicht miteinander verheiratet sind, eine Sünde gegen Gott. Das ist zwar nicht modern, aber das ist eindeutig. Da gibt's überhaupt nichts rumzudeuteln, und daran ändern auch Synodenbeschlüsse und Erklärungen von blinden Bischöfen und Theologen nichts.

Ihr erinnert euch, Josef hatte mit siebzehn Jahren die Grundentscheidung seines Lebens gefällt: Ich will keine Sünde gegen Gott tun. Jetzt war der Moment gekommen, wo sich zeigen mußte, ob das eine fromme Phrase oder

wirklich sein Wille war. Das weiche Sofa der Frau Potifar wird zum harten Prüfstein für Josefs Grundsatz.
In einer solchen Situation ist es am besten, wenn man einen solchen Grundsatz laut und deutlich ausspricht. Wenn dich z.B. jemand zu etwas überreden oder zwingen will, was einem Gebot Gottes widerspricht, dann verlege dich nicht aufs Diskutieren, sondern leg die Karten offen auf den Tisch. Eiere nicht erst lange rum mit irgendwelchen Argumenten, sondern sage gleich mit aller Bestimmtheit: „Nein, ich mach da nicht mit. Sowas kann ich als Christ nicht.“ Je eher, je offener und je unmißverständlicher du das sagst, umso besser ist es für dich. Und gerade wenn du es mit jemand zu tun hast, der nicht an Gott glaubt, gerade dann ist es deine einzige Chance, wenn du den Namen Gottes aussprichst und sagst: „Ich mach's nicht, weil das Sünde gegen Gott ist.“
Und wenn der andere stur weiterbohrt, dann laß dich auf keine weiteren Diskussionen ein, sondern wiederhole genauso stur diesen einen Satz, deinen Grundsatz, von dem dein Leben und deine Seligkeit abhängt: „Ich mach's nicht, weil das Sünde gegen Jesus ist.“ Bete in einer solchen Situation nicht nur in deinem Herzen zu Jesus – das sollst du natürlich auch tun -, sondern sprich den Namen deines Gottes laut aus! Denn nicht deine Argumente sind dein Schutz, sondern allein der Name von Jesus. Es gibt, so steht in der Bibel, keinen anderen Namen, durch den wir gerettet werden. Und es steht in der Bibel: „Wer den Namen des Herrn anrufen wird, soll gerettet werden.“ (Röm 10,13).

Geh auf die Bremse, nicht auf den Leim

Josef berief sich auf Gott und schlug damit die Versuchung beim ersten Angriff zurück. Aber der erste Angriff ist nicht der letzte. Der Versucher versucht es immer wieder. Er geht nie in die Ferien. Er läßt sich keine Gelegenheit entgehen. Und gerade, wenn du einen Sieg erlebt hast und denkst, du hast es geschafft, da schafft er dich oft am schlimmsten. Er kommt immer wieder, vergiß das nicht. Denn er ist ein Menschenkenner. Er kennt deine schwachen Stellen, und dort bohrt er immer wieder. Deshalb mußt du dich kontrollieren, wo deine schwachen Stellen sind, und dort mußt du besonders aufpassen.

Du hast dir z.B. fest vorgenommen, nicht mehr zu saufen. Wenn du irgendwann feststellst, daß du es jedes Mal dann wieder tust, wenn du mit dem Franz und dem Paul zusammen bist, dann darfst du eben mit dem Franz und dem Paul nicht mehr verkehren, jedenfalls nicht mehr in eine Kneipe einkehren. Meide solche Einflüsse, egal, ob es sich um Menschen, Bücher, Filme, Philosophien oder Musik handelt. Und mach dir nichts draus, wenn sie dich als Spießer, Feigling und unreifes Jüngelchen mit bürgerlichen Anschauungen verhöhnen. Daß man erst dann ein Mann ist, wenn man mal so richtig besoffen war, das ist ein bürgerliches Vorurteil. Und daß es ein Zeichen von Erwachsensein ist, wenn man mit fünfzehn Geschlechtsverkehr hat, ist unreifes Gefasel. Wenn du gelernt hast, deine Triebe zu beherrschen, dann bist du erwachsen. Wenn du es ablehnst, deine Triebe beherrschen zu lernen, begibst du dich auf das geistige Niveau eines Maikäfers.

Also laß dir nichts vormachen von den Großmäulern, die dir einreden wollen, du würdest das große Glück verpassen, wenn du nicht mitsäufst und mithurst. Weißt du, ob die bei diesem Leben wirklich glücklich sind? Ich sage dir:

Sie sind es nicht! Ich kenne viele Paare, die lautstark die liberale, tolerante Position vertreten, daß sie nichts gegen einen Seitensprung einzuwenden haben. Das hab ich schon hundertmal gehört, aber ich habe noch kein einziges Paar getroffen, das mit dieser Lebenseinstellung glücklich geworden ist. Und deshalb rate ich dir: Laß es sein. Wer sich in Gefahr begibt, kommt darin um. Wenn du dem Strudel zu nahe kommst, reißt er dich in die Tiefe. Deshalb reiß dich zusammen und spiele nicht mit der Versuchung, sondern geh ihr aus dem Weg. Wenn du sie zu nahe an dich ranläßt, ist es meistens zu spät. Wenn du mit deiner Freundin ins Zelt kriechst, dann ist es kein Wunder, wenn es schließlich zum Geschlechtsverkehr kommt.

Besser 'ne Waschmaschine als gar keine Wäsche

Was das Verhältnis der beiden Geschlechter betrifft, da hat mal ein junges Mädchen den Walter Trobisch gefragt: „Warum wird immer so drum herum geredet? ‚Geht nicht bis zum Letzten! Laßt euch nicht zu weit ein!' Aber wie weit nun das Zuweit ist, hat mir noch nie jemand konkret gesagt. Ist Umarmen ‚zu weit'? Sind Küsse ‚zu weit'?"
Trobisch fährt fort: „Karin forderte mich heraus. Ich mußte nun konkret formulieren. Dabei dachte ich an viele Gespräche mit jungen Menschen, die mir – manchmal unter Tränen – versichert hatten: Sie hätten beide nicht vorgehabt, bis zum Letzten zu gehen, aber dann hätten sie nicht mehr anhalten können. Ich sagte – und wer eine bessere Antwort weiß, der soll mich korrigieren –: Der Punkt, von dem an nicht mehr angehalten werden kann, ist meistens das gemeinsame Sich-Hinlegen und jede Form des Entkleidens."

Es ist also wichtig, daß du der Gefahr von vornherein aus dem Weg gehst. So macht es Josef. Zunächst kann er nicht verhindern, daß er immer wieder rein dienstlich dieser Frau begegnen muß. Täglich, so heißt es hier, wiederholt sie ihr verführerisches Angebot. Aber Josef bleibt fest, bis es eines Abends zu einer heiklen Situation kommt.

Der Herr Gemahl ist wieder mal zu einem Gastmahl, die Dienstboten haben Ausgang, das Haus ist leer, die Vorhänge zu, es brennen nur ein paar Kerzen, und die Gemächer erfüllt ein betäubender Duft von Moschus-Räucherstäbchen. Im Hintergrund erklingt leise die Melodie „All you need is love", gesungen von einem Knabenchor mit Eunuchenstimmchen – der Großangriff ist bis ins letzte Detail vorbereitet. Diesmal begnügt sich Madame Potifar nicht mit freundlichen Einladungen, sondern sie wird handgreiflich. Sie grapscht nach Josef, sie flüstert ihm Sächelchen ins Ohr, von wegen: „Josef, lieber Jossi mein, ich sterbe vor Liebe zu dir" und so'ne Sachen. Und sie fängt an, an ihm rumzufummeln und ihn zu tätscheln, daß dem jungen Kerl allmählich die Sinne schwinden. Schon hat sie ihm die Jacke aufgeknöpft – da reißt er sich von ihr los und haut ab.

Manchmal ist die Flucht die einzige Form der Rettung. Manchmal ist die Flucht mutiger als das Bleiben. Wenn du rein bleiben willst, mußt du dich raushalten aus dem Dreck.

Man sagt, heutzutage wären die Versuchungen für Jugendliche so groß, daß man nicht durchkommen kann. Ich gebe zu, daß die Versuchung auf dem Gebiet der Sexualität und des Alkohols immer größer wird. Obwohl ihr auch zugeben müßt: Vor 4000 Jahren haben die es auch nicht ganz einfach gehabt. Heute ist jedenfalls der voreheliche Geschlechtsverkehr gang und gäbe, so sagt die Statistik. Na und? Seit wann richtet sich dein Verhalten nach der Statistik statt nach der Statik von Gottes Grundsätzen? Seit wann machst du, was die Mehrheit will? Für Christen ist die biblische Norm entscheidend, nicht die Mehrheit. Auch die Norm des Gebisses bleibt unverändert: 32 Zähne, auch wenn vielen in der modernen Zivilisation noch so viele Zähne ausfallen. Für dich ist maßgebend, was Gott will. Und wenn der will, daß du mit niemandem schläfst, mit dem du nicht verheiratet bist, dann geht das auch. Natürlich, wenn ich bloß an die Zustände denke, die in manchen Wohnheimen und Internaten herrschen und was so in manchen Diskos läuft, dann ist mir klar, wie schwer es heute für einen jungen Menschen ist, rein durchs Leben zu gehen. Ich sage ja auch gar nicht, daß es leicht ist. Aber ich sage nicht gleich von vornherein, daß es unmöglich ist. Doch, es ist möglich. Es ist dir möglich. Wenn du Jesus die Möglichkeit gibst, dich zu verändern.

Vom Kaviar zur Kleie

Manche Frauen sind wie Filterzigaretten – das ganze Gift sammelt sich im Mundstück. So war's auch bei der Frau vom Potifar. Erst säuselt sie honigsüß, um Josef zum Ehebruch zu verführen, aber als er nicht mitmacht, wird sie giftig. Josef hatte klipp und klar nein gesagt. Da wurde sie handgreiflich, zog ihm die Jacke aus, der haute ab. Und jetzt sitzt sie auf ihrem Sofa mit der Jacke in der Hand und Racheplänen im Herzen. Nichts ist gefährlicher, als wenn sich eine heiße Liebe in glühenden Haß verwandelt. Weil Josef sich nicht mit ihr ins Bett legen wollte, will sie ihn jetzt reinlegen. Frau Potifar spuckt Gift und Galle, fängt an zu kreischen, und als ihr Mann nach Hause kommt, fällt sie ihm schluchzend in die Arme.
Erst kräht sie was von sexueller Belästigung am Arbeitsplatz, dann fuchtelt sie ihm mit der erbeuteten Jacke vor der Nase rum. Potifar, der Trottel, fällt auf die Show rein und tüpfelt beruhigend an seiner Gattin herum: „Aber mein Täubchen, das ist ja schrecklich!" und so.
Sie: „Hier, guck dir das an! Da hast du dir ja eine feine Laus in den Pelz gesetzt mit diesem Judenbengel. Vergewaltigen wollte mich der Häßling, und als ich um Hilfe schrie, ist er abgehauen, der Feigling. Aber hier, seine Jakke, die hab ich erwischt, die ist der Beweis. Ich flehe dich an, mein über alles geliebter Poti, schütze mich, deine ehrbare Gattin, vor diesem Unhold und Frauenschänder."

Zwischen Ratten und Betonplatten

Während sie ihre Show abzieht, zieht Potifar die Konsequenzen: „Da warf er ihn ins Gefängnis" (1 Mose 39,20). Die Denunziation eines giftigen Weibsstücks genügte, um Josef zu erledigen. Ohne Verhör, ohne Verteidigung, ohne Verhandlung wird er abgeführt. Ein modernes Gefängnis ist bestimmt kein angenehmer Aufenthaltsort. Aber verglichen mit damals ist heute der Knast ein Palast. Damals waren Gefängnisse meist unterirdische Löcher, kalt, finster, feucht, voll Ungeziefer, grauenhaft, grausam, viehisch. Wer da reingeriet, lebte nicht mehr wie ein Mensch, sondern so, wie er behandelt wurde, also wie ein Stück Vieh.

Die Altertumsforscher haben nicht nur solche Gefängnisse ausgegraben, sondern auch Steintafeln, auf denen mit Keilschrift die Gesetze der ollen Ägypter eingemeißelt sind. Da gab es auch Gesetze über die Behandlung von Gefangenen, und diese Gesetze klangen eigentlich ganz menschlich. Aber Stein ist geduldig. Was auf Stein, Papyrus oder Papier steht, ist die eine Sache. Wie es in Wirklichkeit um die Gefangenen steht, ist eine andere Sache. Humane Gesetze sind leicht proklamiert. Die Frage ist nur, ob man sie auch praktiziert.

Seit den Ereignissen, die ich euch hier erzähle, sind über 4000 Jahre vergangen. Solange hat es gedauert, bis die Völker der Erde eine Erklärung der Menschenrechte formuliert und unterschrieben haben. Aber die feierliche Unterschrift vor der laufenden Kamera garantiert noch nicht, daß die Menschenrechte im Lauf der Zeit verwirklicht werden. Zum Beispiel sind noch niemals so viele Menschen so raffiniert und so grausam gefoltert worden wie in unserem Jahrhundert. Vor einigen Jahren stellte eine internationale Konferenz fest, daß fast die Hälfte aller

Regierungen der Welt die Folter anwenden. Diese Konferenz mußte nach Paris verlegt werden, obwohl sie eigentlich in den Räumen der UNESCO stattfinden sollte. Das ging aber nicht, weil mehr als die Hälfte der damaligen Mitgliedsstaaten in dem Bericht erwähnt wurden als Staaten, die die Folter anwenden. Daraufhin wurde dann ein Welt-Strafgerichtshof zur Bekämpfung der Folter gefordert.
Es geht in unserer vielgepriesenen Neuzeit, die mit solcher Überheblichkeit auf das sogenannte „finstere Mittelalter" herabsieht, finsterer zu als im finstersten Mittelalter oder Altertum. Josef ist kein Einzelfall. Es gab und gibt hunderttausende Josefs, die unschuldig in den Kellern, Menschenkäfigen, KZs, Irren- und Zuchthäusern eingesperrt sind – vergiß diese Menschen nicht in deinem Gebet!
Es hat mal einer gesagt: „Sage mir, wie die Alten, die Geisteskranken und die Gefangenen behandelt werden, und ich sage dir, ob du in einer humanistischen Gesellschaft lebst." Der Humanismus einer Gesellschaftsform ist nicht zu messen an solchen Großbauten wie den Pyramiden, die als Touristenattraktion hoch in den Himmel ragen, sondern am Zustand der Gefängniszellen, die in unterirdischen Kellern sind. Da steckt Josef drin. Er ist ganz unten.

Gottverlassen auf Gott verlassen

Als er in seiner Zelle wieder zur Besinnung kommt, da sagt er sich: „Das darf doch nicht wahr sein! Das hat man nun von seiner Anständigkeit. Das hab ich nun von meinem Glauben an Gott!" Denn er war ja nicht im Knast, weil er ein Gebot Gottes übertreten hatte, sondern weil er sich geweigert hatte, ein Gebot Gottes zu übertreten. Das sechste Gebot, das Gott später den Menschen auf Stein, aber allen ins Herz geschrieben hat, heißt: „Du sollst nicht ehebrechen." Daran hatte er sich gehalten. Dafür saß er jetzt im Knast. Weil er seinem Grundsatz, keine Sünde zu tun, treu geblieben war, weil er anständig, weil er Gott gehorsam geblieben war, deshalb saß er.

Und das hat Gott zugelassen? Ja, das hat Gott zugelassen. Du fragst dich vielleicht auch manchmal, manchmal vielleicht verzweifelt: Warum läßt Gott das zu? Warum muß das und das mir passieren, ausgerechnet das und ausgerechnet mir? Die andern, die leben drauflos. Die saufen, huren und lügen, kümmern sich um Gott einen alten Dreck und leben wie die Maden im Speck. Und ich, der ich das alles nicht mitmache, ich fliege so rein.

Und manchmal möchten wir Gott die Faust entgegenstrecken und sagen: „Du, Gott, wenn es dich gibt, warum gibt es dann soviel Elend? Warum gibst du mir so ein elendes Schicksal? Warum?"

Ich weiß darauf keine Antwort. Ich weiß, daß wir Gott oft nicht verstehen können, nicht ein bißchen verstehen können. Es ist manchmal unfaßlich und unerträglich, was uns an Gemeinheit, Unrecht, Unglücksfällen und Schicksalsschlägen trifft. Und dann fragen wir eben: „Warum?" Ich weiß es nicht, ich weiß nur: Es kommt der Tag, an dem du verstehen wirst, warum dein Leben so und nicht anders verlaufen ist. Jesus sagt: „Was ich tue, kannst du jetzt noch nicht verstehen. Du wirst es aber später begreifen" (Joh 13,7). Wann dieses „Später" sein wird, weiß ich auch nicht. Manchmal dauert es Jahre. Und es gibt Fragen und Rätsel, die klären sich nie. Mit denen müssen wir leben, bis wir sterben. Aber:

Wenn Christus kommt,
dann wird alles klar.
Keine Rätsel mehr,
nur Klarheit wird dann sein.

Manches klärt sich im Lauf des Lebens. Für die ungeklärten Dinge gilt der große Trost der Bibel, „daß denen, die Gott lieben, alle Dinge zum Besten dienen" (Röm 8,28). Solange du dein Leben nicht von Jesus aus siehst, bist du wie ein Mensch, der sich einen Teppich von unten ansieht. Auf der Unterseite des Teppichs, also auf der verkehrten Seite, siehst du ein einziges Gewirr von Fäden und Farben, ein Durcheinander, in dem du keinerlei Sinn erkennen kannst. Aber wenn du den Teppich von oben betrachtest, mit bißchen Abstand, von der richtigen Seite, da erkennst du das Ganze, den Sinn, das Bild, das der Schöpfer des Teppichs da reingewebt hat. Da erkennst du, warum sich an dieser Stelle zwei Fäden kreuzen, dort ein Faden, ein Lebensfaden, zu Ende ist usw.
Es kommt eben auf den richtigen Standpunkt an. Du kriegst erst einen Sinn in das Durcheinander deines Lebens, wenn du es von Standpunkt Gottes aus betrachtest. Also bleib auf dem Teppich! Bleib unbeirrbar auf dem Standpunkt des Glaubens: Gott hat dir dein Leben gegeben. Gott hat dich lieb. Gott hat einen Plan für dich. Und Gott macht keinen Fehler. Was du für einen Webfehler hältst, ist in Wirklichkeit ein Knotenpunkt. Was dir als unerhörte Sinnlosigkeit vorkommt, ist in Wirklichkeit ein wichtiger Punkt in Gottes Plan. Um diesen Plan zu verstehn, mußt du lange in Gottes Schule gehen und auch Prüfungen bestehen.

Vom Mist zum Mister

Wenn du in dieser Welt eine besonders hohe Stellung haben willst, mußt du eine Hochschule besuchen. Wenn du einmal in Gottes neuer Welt vor seinem Thron stehen willst, nimmt dich Gott vorher auch in seine Schule. Nur ist es so, daß Gottes Hochschulen Tiefschulen sind. Das ist ein Gesetz in Gottes Reich: erst runter, dann rauf; erst das Kreuz, dann die Krone; erst der Hohn, dann der Thron. So war es auch bei Jesus: „Er erniedrigte sich selbst und wurde gehorsam bis zum Tode, ja bis zum Tode am Kreuz. Darum hat ihn Gott auch erhöht und hat ihm den Namen gegeben, der über alle Namen ist" (Phil 2,8-9). Gott führt erst in die Tiefe.

Josef versteht Gott nicht. Er hat keine Ahnung, warum der ihn unschuldig im Gefängnis schmoren läßt. Er ahnt nicht, was Gott noch mit ihm vorhat: der erste Mann nach dem Pharao soll er werden. An die Regierungsspitze soll er. Jahrzehntelang! Niemals hätte Josef den höchsten Posten der ägyptischen Regierung erfüllen können, wenn er nicht die tiefsten Gefängniskeller des ägyptischen Staates kennengelernt hätte. Die Jahre da unten in der Tiefe, das war seine Hochschule. Das war das Training, in dem sich seine Menschenkenntnis und sein Gottvertrauen festigten.

Hinterher wird ihm das klar. Aber jetzt, als er drin sitzt in der Tinte, als man ihn unter den Teppich gekehrt hat, versteht er nur Bahnhof. Für ihn ist Endstation, Sackgasse, Ebbe. Wenn es dir auch so geht, jetzt oder später, wenn du mit deinem Schicksal, deiner Krankheit, den Rätseln deines Lebens nicht zurechtkommst, dann denke nicht, Gott hätte dich vergessen. Dann denke an Josef. Den hatte Gott auch nicht vergessen. Ausdrücklich steht hier: „Josef lag im Gefängnis. Aber der Herr war mit ihm" (1 Mose 39,21). Gerade den Leidenden ist Gott am nächsten. Ge-

rade, wenn du den Kanal voll hast, wenn du fertig bist, wenn sie dich fertig machen, wenn du denkst, du kannst nicht mehr weiter, und alles ist sinn- und hoffnungslos, gerade dann ist dir Gott ganz nahe. Das ist eine Erfahrung, die Millionen gemacht haben. Einer von diesen Millionen hieß Uwe. Ein gesunder, junger Mann, der oft hier in diesem Jugendgottesdienst gesessen hat. Plötzlich wurde er todkrank: Multiple Sklerose, gelähmt, konnte sich kaum bewegen, schwer sprechen, schlecht sehen.
Wenn du vor so einem Bett stehst, da vergehen dir die Phrasen. Da weißt du erst überhaupt nicht, was du sagen sollst. Ich hab an diesem Bett gestanden zusammen mit dem Jörg. Als wir wieder gingen, die beiden bekannten Evangelisten, der Jörg und der Theo, da waren wir *so* klein. Erstens vor Fassungslosigkeit über diese Krankheit, zweitens vor Staunen über diesen Kranken. Denn der Uwe hat gesagt, daß er in dieser Zeit seiner Krankheit Gott erfahren hat, und das machte ihn sichtbar froh. Von ihm ging etwas unerhört Stärkendes, Tröstliches aus, und seine Beerdigungsfeier wurde eine Siegesfeier über den Tod.

Ein Gott zum Verschenken

Manche denken, sie erleben Gottes Nähe am besten im Rausch, in der Ekstase, in schönen Gottesdiensten mit erhebenden Gefühlen und erhobenen Händen. Aber das wäre ein mieser Gott, den man erst erleben kann, wenn man sich zu ihm hochschaukelt mit schönen Stimmungen und Stimulanzien. Der hätte keinen praktischen Wert. Der Gott der Bibel ist was Praktisches. Um den zu erfahren, brauchst du weder nach Toronto zu fahren oder aus den Problemen dieser Welt auszuflippen in höhere Sphären. Da spielt sich nichts ab.

Du siehst ja, wo sich die biblischen Geschichten abspielen – mitten im Alltag unserer Probleme. Die Geschichte Josefs zum Beispiel spielt in der Familie, wo sich die Brüder hassen, in den Schlafzimmern, wo gehurt, in den Gefängnissen, wo gefoltert wird, wo es gemein, unmenschlich, erbärmlich zugeht – da ist Gott.
Josef erlebt die Nähe Gottes nicht mit frommem Schauder in einem feierlichen Orgelkonzert oder bei strahlendem Sonnenaufgang, sondern unter den Schreien der Häftlinge in der Tiefe eines verlausten Gefängnisses.
Gerade dort, wo die Stimmung unter dem Nullpunkt ist, in der Angst, in der Hilflosigkeit, im Leiden, da ist Gott am nächsten. Als er ganz unten ist, da heißt es: „Der Herr war mit Josef."
So eine Gotteserfahrung ist nicht die innerliche Privatsache einer Seele. Sowas prägt und verändert den ganzen Menschen. Wenn einer mit Gott lebt, dann merken das auch die andern. Sowas fällt auf. Josef fiel auf, weil er anders war als alle anderen Häftlinge. Zum Beispiel hatte er für jeden ein gutes Wort.
Eines Tages werden zwei Neue eingeliefert, der oberste Bäcker und der oberste Kellner des Pharao. Wahrscheinlich wurden sie verdächtigt, sie hätten den Pharao vergiften wollen. Machthaber wie der Pharao leben ja in der ständigen Angst um ihr Leben. Bei jedem Biß, bei jedem Schluck müssen sie fürchten, er könnte vergiftet sein. Wenn der letzte Gefangene im ägyptischen Großreich seine Tagesration Maisbrot verschlingt, dann ißt er sie vielleicht unter Tränen, aber bestimmt nicht mit der Angst, sie könnte vergiftet sein. Diese Angst hat nur der Diktator. Deshalb brauchen Tyrannen persönliche Leibärzte, Leibwächter, Leibköche, aber auch denen können sie nicht trauen. Vor ihren Augen müssen die erstmal von allem essen, um zu beweisen, daß kein Gift drin ist. An

den leeren Tischen der Unterdrückten sitzt das Gespenst des Hungers, aber sie können wenigstens das bißchen, was sie haben, ohne Angst essen. An den vollen Tafeln der Unterdrücker sitzt das Gespenst der Angst. Es sitzt ihnen im Nacken bei jedem Schritt und Tritt. Es gibt nur noch eine Angst, die größer ist als die Angst der Unterdrückten. Das ist die Angst der Unterdrücker vor ihren Untertanen.
Angst macht mißtrauisch. Mißtrauen macht gefährlich. Eine falsche Bewegung bei Tisch, eine Kleinigkeit genügt, ein winziger Verdacht, und schon sind die beiden fetten Bonzen, der Oberbäcker und der Oberkellner, von ihren Posten verschwunden. Gestern noch tranken sie Wein aus goldenen Kelchen, heute saufen sie Wasser aus der hohlen Hand. Vom Kaviar zur Kleie – so kann eine Karriere enden.

Die Löffel spitzen – nicht die Zunge

Als die beiden im Knast landen, wird ihnen Josef zum Zellenreinigen zugeteilt. Nun hätte dem ja das Schicksal dieser beiden Hofschranzen schnuppe sein können. Der hatte genug mit sich selber zu tun. Der brauchte sich nicht noch die Probleme dieser Dickwänste aufzuladen. Aber ein echtes Kind Gottes kann nie an den Leiden anderer vorbeigehen.
Und als die beiden eines Tages mit besonders niedergeschlagener Miene, zerknittert wie Erich Mielke, auf ihrer Pritsche hocken, begrüßt sie Josef, während er sich den Kübel schnappt: „Na, ihr beiden Hübschen, welche Laus ist euch denn heute über die Leber gelaufen?" (1 Mose 40,7). Das ist zwar nicht gerade ein frommer Spruch, aber es ist immerhin ein menschliches Wort. Und schon die

kleinste menschliche Geste in so einer Situation ist ein Geschenk Gottes.
Liebe Brüder von der frommen Kante, sucht nur nicht immer krampfhaft nach frommen Worten, mit denen ihr „Zeugnis geben“ könnt, sondern sagt erst mal freundlich: „Guten Morgen“ und begegnet euren Mitmenschen einfach menschlich. Schon seid ihr dem andern zum Engel geworden. Bevor ihr jemand den Satz „Jesus löst deine Probleme“ an den Kopf knallt, erkundigt euch erst mal nach seinen Problemen.
Weil Josef sie nach ihren Problemen fragt, haben die beiden sofort Vertrauen zu ihm. Und sie erzählen, sie wären so bedrückt, weil sie so schlecht geträumt hätten. Der Oberkellner hatte geträumt von einem Weinstock und drei Trauben, die hätte er dem Pharao in den Becher getan. Der Bäcker hatte geträumt, er hätte drei Körbe mit Gebäck auf dem Kopf getragen, da wären die Vögel gekommen und hätten die Brezeln weggefressen. Josef, der von Gott die Gabe der Traumdeutung bekommen hatte, deutete die Träume.
Zum Bäcker sagt er: „Du kommst in drei Tagen an den Galgen, wo dich die Vögel fressen.“
Und zum Kellner sagt er: „Du wird rehabilitiert. In drei Tagen kommst du wieder auf deinen Posten.“
Genauso kommt's. Bevor der Oberkellner entlassen wird, sagt Josef zu ihm: „Du, wenn du wieder groß rauskommst, denk an mich und hol mich hier raus.“
„Geht seinen Gang“, sagt der Kellner, „ist doch klar. So einen Kumpel wie dich werde ich doch nicht sitzen lassen. Wir Knackis müssen zusammenhalten.“

Eilbote mit erlösender Note

Es vergehen zwei Tage, zwei Wochen, zwei Monate, zwei Jahre – zwei Jahre sitzt Josef noch im Loch, und es tut sich nichts. Der andere hat ihn längst vergessen. Es ist sinnlos, sich auf Menschen zu verlassen. Die Bibel sagt: „Verflucht ist der Mann, der sich auf Menschen verläßt. Gesegnet ist der Mann, der sich auf den Herrn verläßt" (Jer 17,5.7). Josef begreift, daß es zwecklos ist, auf Hilfe durch Menschen zu hoffen. Er überläßt jetzt alles Gott und liefert ihm seinen Willen aus: „Dein Wille geschehe." Das war's, was Josef erst lernen mußte. Das war's, worauf Gott jahrelang gewartet hatte. Das ist es, worauf Gott auch bei dir wartet. Hör doch endlich auf, Gott zu kritisieren und ständig an ihm herumzunörgeln. Hör doch endlich auf, dich auf deine Beziehungen zu verlassen und immer deinen Willen durchsetzen zu wollen, sondern überlaß Gott die Lenkung deines Lebens mit dem ehrlichen Satz: „Dein Wille geschehe." Als Josef soweit ist, da schlägt für ihn die Stunde der Freiheit. Ein Bote kommt mit der Nachricht, Josef soll sofort zum Pharao höchstpersönlich kommen.
Ich komme heute zu dir mit einer viel besseren Nachricht. Als Bote eines viel größeren Königs als Pharao, der als Mumie in irgendeiner Pyramide vergammelt. Der Pharao hat schon lange nichts mehr zu melden. Er hat nur noch zu warten auf den Tag, an dem er sich zur Verantwortung vor Gottes Gericht zu melden hat. Er schickt schon lange keine Boten mehr aus. Ich komme zu dir als Bote des lebendigen Jesus, der den Tod überwältigt hat und von sich sagt: „Mir ist gegeben alle Gewalt im Himmel und auf der Erde" (Mt 28,18). Dieser Herr lädt dich ein, zu ihm zu kommen, und zwar sofort.
Ich weiß nicht, wie das Gefängnis aussieht, in dem du steckst. Aber ich weiß: Jesus will dich da rausholen! Viel-

leicht fühlst du dich beengt durch irgendeine Angst. Belastet durch eine Schuld. Gebunden an den Alkohol. Gefesselt an eine Sucht. Abhängig von irgendwelchen Mächten und Menschen. Suchst verzweifelt nach dem Sinn deines Lebens, nach dem Ausweg aus deinen Problemen. Jesus will dich da rausholen! Es tut ihm leid, wie du lebst, daß du verloren gehst, wenn du ohne ihn gehst. „Gott will, daß alle Menschen gerettet werden" (1 Tim 2,4).
Tennessee Williams hat gesagt: „Wir sind alle zu lebenslänglicher Einzelhaft in unserer eigenen Haut verurteilt." Das stimmt. Aber nur bis zu dem Tag, an dem du zu Jesus kommst. Denn Jesus sagt: „Ihr sollt frei werden!" (Joh 8,33). Deine lebenslängliche Einzelhaft ist vorbei, wenn du zu Jesus kommst. Komm doch, und gib ihm heute dein Leben mit Haut und Haaren, damit du wieder Land siehst, damit du erstmal siehst, wie schön das Leben sein kann! Egal, wer und was dich knechtet und wie fertig zu bist – sag einfach: „Jesus, ich kann nicht mehr. Da bin ich. Dein Wille geschehe."

Traumkarriere

Ein Mann kommt zum Arzt: „Herr Doktor, ich hab hier so Schmerzen im Bauch."
„Jaja, das ist der Blinddarm. Müssen wir rausnehmen."
Der Blinddarm wird rausgenommen.
Nach einem Jahr: „Herr Doktor, ich hab hier hinten so Schmerzen."
„Jaja, das sind die Hämorrhoiden, müssen wir rausnehmen."
Ein Jahr später: „Herr Doktor, ich hab hier so Schmerzen im Hals."
„Jaja, das sind die Mandeln. Müssen wir rausnehmen."
Schließlich kommt er wieder. „Herr Doktor, ich trau mir's gar nicht richtig zu sagen, aber ich hab hier so Schmerzen im Kopf ..."
Da wacht er auf und merkt: er hatte nur geträumt.
Pharao, der König von Ägypten, hatte schlechte Laune, denn er hatte schlecht geschlafen, denn er hatte schlecht geträumt.
Nun hat ja jeder Traum eine Bedeutung. Es gibt eine ganze Wissenschaft der Traumdeutung. Manchmal spricht auch Gott durch Träume zu den Menschen, und es gibt auch Menschen, denen Gott die Gabe der Traumdeutung gegeben hat. Pharao kann sich seine Träume nicht erklären, seine Traumdeuter auch nicht, und das macht ihm Sorge.

Des Scharfsinns fette Beute

Nun ist es ja ein Brauch von altersher, „wer Sorgen hat, hat auch Likör“ (Wilhelm Busch). Also verlangt Pharao erstmal nach einer „Krokodilsträne“. Das war ein Schnaps, der entsprach ungefähr dem, was heute der „Zwickauer Koks“ ist, bloß mit dem Unterschied, daß dir nach 'ner „Krokodilsträne“ das Heulen vergeht, nach 'nem „Zwickauer Koks“ das Heulen kommt. Also, es erscheint der Oberkellner – wir kennen den Kollegen noch aus der letzten Predigt – mit der Kürbisflasche. Und als er hört, was seinem Gebieter Sorgen macht, fängt er an, angestrengt nachzudenken. Das fällt dem Pharao natürlich sofort auf – ein Beamter, der denkt, und das noch während der Dienstzeit – sowas muß ja auffallen. Also fragt sogleich der Pharao: „Was denkst du?“ Der Oberkellner spricht: „Majestät, wie kann ich wissen, was ich denke, wenn ich nicht höre, was ich rede?“ Da wird ihm befohlen, laut zu denken, und er erzählt: „Da hab ich doch seinerzeit im Strafvollzug einen kennengelernt, einen jungen Juden, den Josef, der konnte Träume deuten.“

Auf der Stelle wird Josef geholt, und der Pharao erzählt ihm: „Ich träumte, ich stand am Ufer des Nil. Da kamen sieben fette Kühe, danach kamen sieben dünne Kühe, und die dünnen fraßen die dicken. Und dann träumte ich: Da waren sieben dicke Ähren, dann kamen sieben dünne Ähren, und die dünnen fraßen die dicken.“ „Beide Träume“, sagt Josef, „bedeuten dasselbe. Die sieben fetten und dünnen Kühe und Ähren bedeuten jeweils sieben Jahre. Für Ägypten kommen jetzt sieben reiche Jahre mit guten Ernten, und dann sieben Hungerjahre mit schlechten Ernten. Das ist es, was Gott dir durch die Träume sagen will“ (1 Mose 41,1ff).

Damit hätte Josef seine Rede beenden können. Aber er redet weiter. In groben Zügen entwickelt er, was jetzt angesichts dieser Zukunft unternommen werden muß. Es müssen im ganzen Land Speicher gebaut werden, alle sollen den fünften Teil ihrer Ernte dort abliefern, damit dann, wenn die Hungerjahre kommen, genug Vorrat zum Überleben vorhanden ist. Soweit Josefs Vorschlag. Man fragt sich, woher der Mann diesen staatsmännischen Blick hatte. Denn er war als siebzehnjähriger Bauernlümmel als Sklave nach Ägypten verkauft worden. Dort hatte er sich als Hausverwalter des Potifar hochgearbeitet. Als er sich geweigert hatte, mit Frau Potifar ins Bett zu gehen, war er im Knast gelandet und hatte dort bis zu seinem 30. Lebensjahr gesessen. Und nun legt er, knapp drei Stunden nach seiner Haftentlassung, dem Pharao einen kompletten Wirtschaftsplan vor, der hunderttausenden Menschen das Leben retten wird. Solche Ratschläge konnte Josef geben, weil, wie es 1. Mose 41,38 ausdrücklich heißt, der Geist Gottes in ihm wohnte. Manche denken, man braucht den Heiligen Geist bloß zum Predigen oder Zungenreden. Ja, dazu auch. Aber darüber hinaus gibt der Heilige Geist Weisheit und Verstand in allen Lebenslagen. Der Heilige Geist ist nicht nur zuständig für geistliche, sondern auch für weltliche Dinge, in unserem Falle für Fragen der Wirtschaft. Es ist niemand anders als der Heilige Geist, der in Ägypten durch den Mund des Josef die Planwirtschaft und den Siebenjahresplan einführt.

Als Josef seine Pläne entwickelt hatte, sagt der Pharao: „Weil dir Gott das gezeigt hat, darum bist du der Klügste und für die Aufgabe am besten geeignet. Meine Hofbeamten und das ganze Volk sollen auf dein Wort hören, nur ich selbst stehe noch über dir. Ich ernenne dich zu meinem Stellvertreter, der über ganz Ägypten herrscht“ (V. 39).

Als Zeichen seiner Macht und Würde bekommt Josef vom

Pharao einen Ring an die Hand, eine goldene Kette an den Hals, eine Staatskarosse unter den Hintern und wird der Bevölkerung vorgestellt mit den Worten: „Der ist der Landesvater" (V. 43).

Lieber alles kriegen als für alle kriechen

Das nennt man Karriere! Früh saß er noch im Knast, wo man ihm den üblichen Löffel Vierfruchtmarmelade, einen Kanten Brot und einen Blechtopf Muckefuck durch die Klappe gereicht hatte, und mittags ist er der mächtigste Mann Ägyptens, vor dem die Volksmassen platt auf dem Bauch liegen. Als er im Triumphzug durch die Hauptstadt gekarrt wird und die Bevölkerung ihm zujubelt wie einem Träger des gelben Trikots, da kneipt er sich in den Arm, um festzustellen, ob er wieder mal bloß träumt. Aber nein, die Traumkarriere ist Wirklichkeit. In einem einzigen Tag ist er vom verlausten Zuchthäusler raketenhaft aufgestiegen zur obersten Regierungsspitze.
Nicht jeder hält so einen steilen Aufstieg aus. Es gibt Leute, denen steigt der Erfolg in den Kopf, die werden größenwahnsinnig, oder sie fangen an, ihre Macht zu mißbrauchen und sich persönlich zu bereichern. Den Emporkömmling erkennt man daran, daß er dann, wenn er sich nach oben geschuftet hat, selber zum Schuft wird. Gerade die, die aus der Hefe nach oben kommen, fangen dann gerne an, für sich abzusahnen. Josef war kein Emporkömmling. Niemals hatte er daran gedacht, so einen Regierungsposten zu kriegen. Keinen Finger hatte er krumm gemacht für seine Karriere. Das war einzig und allein Gottes Werk. Als Josef ganz unten war, zog Gott ihn hoch. Aber als er ganz oben war, zog er daraus keinen persönlichen Nutzen.

Es wäre ja naheliegend gewesen, wenn er gesagt hätte: „Ihr habt mir die schönsten Jahre meines Lebens geklaut, als ich bei euch im Knast saß. Jetzt sitze ich am Drücker und werde für meine Entschädigung sorgen. Ich werde aus dem Posten rausschlagen, soviel ich kann."

Aber Josef wollte sich nicht rächen, nicht bereichern, nicht herrschen, sondern dienen. Mit dieser Gesinnung ist dieser Mann eine Ausnahme.

Im Großen und Ganzen ist die Weltgeschichte bisher so gelaufen, daß die, die Macht hatten, auch was davon haben wollten. Durch die Jahrtausende hindurch haben die Machthaber gewechselt, nur eins ist meistens gleich geblieben: Wer die Macht hat, hat meistens auch das Meiste. Wenn einer um die Macht kämpft und sagt: „Ich will an die Macht, damit ich was davon habe", dann ist das zwar schäbig, aber es ist wenigstens ehrlich. Aber wenn jemand sagt: „Ich will an die Macht, um die Macht gerecht zu verteilen", dann aber beim Verteilen erst sich selber das größte Stück (z.B. Grundstück) nimmt, dann ist das doppelt schäbig. Wer die Abschaffung der Privilegien der Herrschenden fordert, sollte auch dann, wenn er selber zur herrschenden Klasse aufgerückt ist, bei dieser Forderung bleiben und nicht auf einmal für sich selber Privilegien beanspruchen.

Es ist ja ganz in Ordnung, wenn Leute, die Außerordentliches leisten, sich auch was leisten können. Je höher ein Mensch steht, um so höher ist seine Verantwortung, um so höher ist sein Risiko, um so höher sollte auch sein Gehalt sein, das finde ich gerecht. Soziale Unterschiede hat es schon immer gegeben und wird es immer geben. Was es nicht geben sollte, ist das hemmungslose Inanspruchnehmen von Privilegien durch die Mächtigen. Ich bewundere einen Mann wie Josef, der seine hohe Stellung nicht für private Bereicherung ausgenutzt hat.

Als Josef das ägyptische Wirtschaftsleben in die Hand bekam, gingen ungeheure Summen durch seine Hände. Wenn da einiges auf seinem Privatkonto hängengeblieben wäre, hätte das kein Mensch gemerkt. Ihn kontrollierte keiner, denn er hatte keinen Kontrolleur über sich.
Es wäre für ihn kein Problem gewesen, ein paar hübsche Sümmchen in seine Privatkanäle zu leiten und sich davon am Ufer des Nil eine nette kleine Datsche zu leisten. Aber das alles kam für ihn nicht in Frage. Denn er hatte einen Grundsatz, und der hieß: „Nichts für mich."

Das ist alles gar nicht meine

Damit ihr seht, wie wichtig dieser Grundsatz für Josef ist, müssen wir jetzt nochmal zurückblenden zu dem Moment, als Josef aus dem Knast entlassen wird. Er wird direkt aus seiner Zelle (kleiner Umweg über Frisör und Kleiderkammer) in den Audienzsaal des Pharao geführt, wo der gesamte Hofstaat versammelt ist. Geblendet von der Helligkeit und den Kostbarkeiten des Königspalastes tritt er vor den Thron. Alle Augen sind auf ihn gerichtet wie auf so ein Wundertier – das also ist der Mann, der einzige in Ägypten, der angeblich die Träume des Pharao deuten kann.
Der Pharao eröffnet die Verhandlung mit den Worten: „Ich habe erfahren, daß du Träume auslegen kannst, sofort nachdem du sie gehört hast" (V. 15).
Und da antwortet Josef: „Ich selbst kann das nicht, aber Gott wird dir sicher etwas Gutes ankündigen."
Er lehnt also die Ehre, Träume deuten zu können, ab und sagt: „Diese Ehre gehört nicht mir, sondern Gott." Was hier ausgedrückt wird mit dem Satz: „Ich selbst kann das nicht", ist im Hebräischen nur ein einziges Wort. Man

müßte es eigentlich übersetzen: „Das gehört nicht mir" oder: „Nichts für mich."
„Nichts für mich", das ist der erste Satz, den Josef sagt, als er aus dem Knast kommt. „Nichts für mich", das ist der Grundsatz, mit dem er dann jahrzehntelang Herrscher von Ägypten ist und dieses Land durch die schwersten Krisen zu wirtschaftlicher Blüte führt. „Nichts für mich", das ist das Schlüsselwort für ein Leben, das Gott reich gesegnet hat und das zum Segen für ein ganzes Volk wurde.
Auch dein Leben kann gesegnet und zum Segen für andere werden, wenn du nach diesem Grundsatz lebst. Egoistisches Wohlfahrtsdenken, Raffgesinnung und unersättliches Mehrhabenwollen ist Kennzeichen unserer Zeit. Die meisten leben nach dem Grundsatz: Alles für mich. „Wir wollen alles, und das sofort." Wenn du immer nur alles für dich haben willst, bist du ein armes Schwein, auch wenn du äußerlich noch so reich bist. Denn mit dieser Gesinnung wirst du nie glücklich werden, weil du nie alles kriegst, weil du immer unbefriedigt bleibst. Aber

du kannst anderen das Leben reicher machen,
wenn du Gottes Liebe durch dich strömen läßt.
Teile alles, was du hast,
geteilte Schätze verdoppeln sich!

Ich schlage dir vor, daß du das mal ausprobierst. Du hast es in der Hand, ob du dein Leben reich oder arm machen willst. Die Devise „Nichts für mich" macht dein Leben reich. Wenn man sieht, wie vor Weihnachten die Massen, von Kaufwut besessen, durch die Warenhäuser rammeln, kann einem nur schwindlig werden. Vor allem, weil dieses gigantische Gegrapsche aus Anlaß des Geburtstages des Mannes stattfindet, der wie kein anderer nach dem Grundsatz „Nichts für mich" gelebt hat. Jesus, der Sohn

Gottes, wollte nichts für sich rausschlagen, als er in unsere Welt kam. Das einzige, was er davon hatte, waren Scherereien. Das ging los mit seiner Geburt, als es für ihn nur eine harte Holzkrippe gab. Das hörte auf mit seinem Tod, als man ihn an ein hölzernes Kreuz nagelte. Und dazwischen lag ein Leben der Armut und Einfachheit. Jesus hatte gesagt: „Ich bin nicht gekommen, um mich bedienen zu lassen, sondern um zu dienen“ (Mt 20,28). Jesus will nichts für sich haben, er will auch von dir nichts haben, er will dir was geben: Vergebung deiner Schuld.

Einbuchten und auswuchten

Eines Tages, um wieder auf unsere Geschichte zurückzukommen, kommt es zu einer Begegnung zwischen Josef und seinen Brüdern. Die Hungersnot war ja nicht nur in Ägypten, sondern auch die umliegenden Länder. Auch in Kanaan, wo Josefs Brüder wohnten, wurde gehungert. Dort hatten sie aber keine solchen genialen Kornspeicher errichtet wie die Ägypter. Und als die Leute hörten, daß es in Ägypten gehortetes Getreide gäbe, machten sie sich in Massen auf die Socken zur Hamsterfahrt dorthin. Und als der alte Vater Jakob davon hörte, macht er seinen Söhnen den Vorschlag, auch mal zum Getreidekaufen nach Ägypten zu gehen. In dem Augenblick, wo er das Wort „Ägypten“ ausspricht, sehen sich die Jungs erschrocken an. Sie schweigen, wie sie nun schon jahrelang verschwiegen haben, daß sie ihren Bruder Josef nach Ägypten verkauft haben. Es hilft nichts, der Vater schickt sie jetzt zum Getreidekauf auf die Reise, und schließlich stehen sie vor dem hohen Beamten, der das Getreide verteilt. Sie ahnen nicht, daß dieser hohe Herr in Nadelstreifen ihr kleiner Bruder ist. Aber Josef erkennt sie. Wie er sie so vor sich

sieht, auf der Erde kniend und die Stirn bis zum Boden geneigt – da fällt ihm der Traum ein, mit dem alles anfing. Er hatte geträumt, seine Garbe stand aufrecht, und die Garben seiner Brüder neigten sich vor ihm.
Jetzt erfüllte sich das. Er ist es, der das Getreide verteilt, und sie verneigen sich vor ihm. Am liebsten möchte Josef ihnen um den Hals fallen und sagen: „Brüder, steht doch auf, ich hab euch alles längst vergeben.“ Aber das sagt er nicht. Sondern er beschuldigt sie, sie wären Spitzel, die bloß das Land ausspionieren möchten. Die Brüder beteuern, sie wären unschuldige Menschen, nur auf der Suche nach Getreide, aber das nützt nichts. Josef steckt sie ins Gefängnis. Sie sitzen jetzt im gleichen Knast wie er. Genauso unschuldig wie er. Nur nicht so lange wie er. Bloß drei Tage. Aber in diesen drei Tagen hat Gott mit ihnen geredet. Und sie erkennen: Das alles geschieht uns ganz recht. Es ist die Strafe für unsere alte Schuld.
Diese Erkenntnis wollte Josef erreichen, als er seine Brüder für drei Tage auf Wasser und Brot setzte. Er tat es nicht aus Rache. So ein Kleingeist war er nicht. Er tat es aus Liebe. Damit sie zur Reue kommen. Göttliche Liebe, echte Liebe ist nicht weichlich-sentimental wie eine Weihnachtsschnulze, sondern hart wie eine Krippe und ein Kreuz aus Holz. Wir denken immer: Liebe heißt, sich gegenseitig jeden Schmerz ersparen, immer gleich mit dem Trost der Vergebung kommen. Gott hat es mit der Vergebung nicht so eilig. Er bringt dich erst zu der schmerzlichen Erkenntnis deiner Sünde, bevor er sie dir vergibt.
Als Josef seine Brüder ins Gefängnis schickte, hat er sich nicht schadenfroh die Hände gerieben und gefeixt, sondern da blutete ihm die Seele. Aber das mußte sein. Sie sollten das Ausmaß ihrer Schuld begreifen, um dann die Vergebung ergreifen zu können.
Wenn Gott dich ins Leiden schickt, dann blutet ihm die

Seele. Wenn du leidest, dann leidet er noch mehr. Denn er liebt dich. Und er faßt dich, sein geliebtes Kind, nur manchmal hart an, damit du die ganze Größe deiner Schuld erkennst und Gottes Vergebung suchst und annimmst. Das sind keine gemütlichen Stunden, wenn wir vor uns selber erschrecken und vor dem, was wir gemacht haben. Aber das sind die glücklichsten Stunden, wenn wir uns in echter Reue vor Jesus beugen und sagen: „Herr, vergib mir." Dann schlägt für uns die Stunde der Freiheit. Dann treten wir aus dem finsteren Gefängnis unserer Schuld in das volle Scheinwerferlicht von Gottes Liebe.

Gepäckkontrolle

Der alte Jakob hatte es nicht leicht. Erst starb ihm seine Frau und er blieb mit zwölf Söhnen zurück. Dann verschwand spurlos sein Lieblingssohn Josef. Da waren's nur noch elf. Dann kam die große Hungersnot, die Söhne zogen zum Kornkauf nach Ägypten, und als sie zurückkamen, da waren's nur noch zehn. Es fehlte der Simeon. Den hatte der ägyptische Getreideboß als Geisel zurückbehalten und gesagt: „Den kriegt ihr erst wieder, wenn ihr wiederkommt und euren jüngsten Bruder Benjamin mitbringt." Little Benjamin hatte Vater Jakob nämlich bei sich zu Hause behalten, als Trost und Stütze des Alters. Und als jetzt dem alten Jakob gesagt wird, er soll bei der nächsten Getreidefahrt seinen Sohn mit nach Ägypten schikken, da dreht er durch: „Ihr beraubt mich meiner Kinder! Josef ist nicht mehr da. Simeon ist nicht mehr da. Benjamin wollt ihr jetzt auch noch nehmen. Wenn ihr mir den nehmt, dann nehmt ihr mir das Leben" (1 Mose 42,36ff).

Gott feilscht nicht

Viertausend Jahre ist die Geschichte nun schon alt, aber sie passiert immer wieder. Zum Beispiel in deinem Leben. Denn auch du hast einen kleinen Benjamin, irgend so eine Kleinigkeit, eine Person oder eine Sache, an der du mit ganzem Herzen hängst. Und du denkst: Wenn ich die nicht mehr habe, hat mein Leben keinen Sinn mehr. Und dann kommt Gott und legt ausgerechnet auf diese Person oder Sache oder Kleinigkeit seine Hand und sagt: „Gib

mir das.“ Und du sagst: „Nein. Alles geb ich dir, aber das nicht. Auf alles kann ich verzichten, aber auf das nicht. Ich kann es nicht. Und ich will es nicht.“ Und in diesem Moment stellt sich heraus, daß es also in deinem Leben etwas gibt, das dir wichtiger ist als Gott.
Gott hat nichts dagegen, wenn du deine Frau liebst, deinen Mann, deine Kinder, deinen Beruf, dein Hobby. Aber er hat was dagegen, wenn du irgendwen oder irgendwas wichtiger nimmst als ihn. Gott verlangt eifersüchtig, daß er in deinem Leben die oberste Stelle hat und du dich und alles andere ihm unterordnest. Deshalb heißt sein erstes Gebot: „Ich bin der Herr dein Gott. Du sollst keine anderen Götter haben neben mir.“
Wenn du dieses erste Gebot nicht hältst, nützt es dir nichts, wenn du alle anderen neun Gebote hältst. Gott gibt sich nicht mit Prozenten zufrieden, auch nicht mit neunundneunzig Prozent. Er will dich hundertprozentig. Jesus sagt: „Wer Vater oder Mutter mehr liebt als mich, der ist mein nicht wert. Und wer Sohn oder Tochter mehr liebt als mich, den kann ich nicht brauchen“ (Mt 10,37).
Jakob liebt seinen Sohn Benjamin mehr als alles andere, mehr als sein eigenes Leben. „Wenn ihr mir den wegnehmt, hat mein Leben keinen Sinn mehr. Dann könnt ihr mich auch gleich begraben.“ Schließlich, nach langer Zeit, gibt er nach. Der Hunger ist zu groß. Die Not zwingt ihn zum Einlenken. Eine zweite Getreidebetteltour nach Ägypten muß sein. „Also gut, wenn's gar nicht anders geht – geht und nehmt den Benjamin mit. Aber paßt gut auf ihn auf, daß dem ja nix passiert!“
Und was passiert? Als er den Benjamin endlich hergibt, kriegt er den Simeon wieder und – was er nie gedacht hätte – den Josef mit dazu, und den Benjamin sowieso. Niemals hätte er Josef wieder umarmen können, wenn er nicht den Benjamin losgelassen hätte. Niemals wirst du

erfahren, was Leben heißt, wenn du nicht bereit bist, dein Leben zu verlieren und an Jesus auszuliefern. Jesus sagt: „Wer sein Leben verliert um meinetwillen, der wird's finden" (Mt 10,38).

Ein junges Mädchen sagte mal zu mir: „Ich würde mich schon bekehren und Gott mein Leben geben. Aber ich bin doch noch so jung. Ich möchte doch erst noch bißchen was vom Leben haben."

Die dachte, der Spaß am Leben ist vorbei, wenn sie sich bekehrt. Es ist genau umgekehrt: Wenn du dich bekehrst, fängt das wahre Leben erst an! Hab doch keine Angst, dich Gott völlig auszuliefern! Er will dir doch nichts wegnehmen, er will dir doch was geben! Er will dich doch nicht arm, sondern reich machen! Er will dich doch nicht auspowern, sondern erfüllen! Solange du krampfhaft deinen kleinen „Benjamin" festhältst, hält Gott seinen Segen zurück. Denn Gott kann alles, aber Hände, die verschlossen etwas umklammern, kann er nicht füllen. Gott füllt nur leere Hände. Erst wenn du losläßt, läßt Gott was sehen – mehr als du ahnst.

Besser ein Blindflug als ein Blindgänger

Als die Brüder Josefs zum zweiten Mal nach Ägypten zogen, ahnten sie nicht, daß sie noch was ganz anderes finden sollten als ein paar Säcke Korn. Von dem Moment an, wo sie in Ägypten ankommen, kommen sie aus dem Staunen gar nicht mehr raus. Kaum entdeckt sie der Getreideboß in der Schlange, läßt er sie durch einen Diener rauswinken und zu sich zum Mittagessen einladen. Darüber staunt sogar der Diener. Er hält es für etwas irre, diese Horde fremder Bettler zum Pizzaessen in den Palazzo zu bitten. Er versteht seinen Herrn nicht im geringsten. Aber

er gehorcht, und er vertraut ihm. Er ist überzeugt, daß der gute Gründe für seinen merkwürdigen Befehl hat.
So wie dieser Diener seinem Herrn vertraut, so sollten wir Gott vertrauen und gehorchen, auch dann, wenn wir ihn nicht verstehen. Sicher verstehen wir Gott nicht immer. Das wäre auch seltsam, wenn wir kleinen Menschen Gott jederzeit begreifen könnten. Ich verstehe ja nicht mal immer meine Frau – wie kommen wir denn dazu, zu denken, bei Gott müßte das so sein? Wir sind begrenzt und kurzsichtig. Wir sehen nur das, was wir gerade erleben. Gott hat den Überblick über das Ganze. Er kennt den großangelegten Plan deines Lebens. Wie kannst du dir da einbilden, du müßtest oder könntest ihn immer verstehen? Nein, verstehen kannst du ihn nicht immer, aber vertrauen kannst du ihm immer. Gehorchen kannst du ihm immer. Nirgends wird in der Bibel verlangt, daß du Gott immer verstehen sollst. Aber überall wird in der Bibel verlangt, daß du Gott immer gehorchen sollst.

Coole Kulisse

Das nächste, worüber die Brüder staunen, ist das Benehmen des Getreidebosses. Als erstes fragt er: „Lebt euer alter Vater noch?“ Als zweites, indem er auf Benjamin zeigt: „Ist das euer jüngster Bruder?“ Als sie bejahen, dreht er sich rum und rennt wortlos aus dem Zimmer. Keiner weiß, warum, denn keiner weiß, daß Josef hier vor seinen Brüdern steht. Aber es ist doch klar, daß es ihn umhaut, wie er seine Brüder so sieht. Deshalb muß er ganz einfach heulen, so wie wir alle geheult haben, als die Mauer fiel und wir nach 40 Jahren die Freiheit sahen. Josef rennt raus, damit niemand seine Tränen sieht. Am liebsten möchte er den Jungs ja um den Hals fallen, aber er muß erst prüfen, ob und wieweit sie ihre Schuld bereuen. Deshalb versteckt er seine Gefühle. Inzwischen stehen die Brüder da wie die Gans, wenn's donnert. Sie verstehen nicht, warum sich big boss plötzlich vor ihnen versteckt. Genauso verständnislos stehen wir oft vor Gott. Du hast das Gefühl, daß er sein Gesicht weggedreht hat, daß er überhaupt weg ist. Du denkst, er will von dir nichts wissen. Du fühlst dich von Gott verlassen. In Wirklichkeit möchte Gott dich in die Arme nehmen und dir alles vergeben. Aber das kann er erst, wenn du alles bekennst und bereust. Deshalb verstellt er sich, stellt sich hart, während er in Wirklichkeit weint. Manche Menschen muß Gott aus Liebe hart anfassen. Und es ist noch die Frage, wem das mehr weh tut – dem Menschen oder dem Herzen Gottes. Es dreht Gott das Herz im Leibe rum, wenn er sieht, wie du im Leben rumhängst und nicht kapierst, was eigentlich gespielt wird. Ohne Vergebung deiner Schuld bist und bleibst du verloren. Und um dich zum Bekenntnis deiner Schuld zu bringen, spielt Gott mit dir das gleiche harte Spiel wie Josef mit seinen Brüdern. Er zeigt ihnen nicht, daß er ihretwegen weint. Er wäscht sich das Gesicht, kommt wieder rein und weist den sprachlos rumstehenden Brüdern ihre Sitzplätze an.

Die Biedermänner-Bande

Diese Sitzordnung ist nun das nächste, worüber sie staunen. Er weist ihnen nämlich die Plätze genau in der Reihenfolge ihres Alters an. Die Jungs sind platt und können sich das nicht erklären. Sie wissen ja immer noch nicht, daß der Mann ihr verkaufter und verschollener Bruder ist. Aber er kennt sie ganz genau. Ihre Namen, ihren Geburtstag, ihren Charakter. Er kennt sie alle.

Genauso, wie Josef seine Brüder kennt, so kennt uns unser Bruder Jesus. In der Bibel (Offenbarung des Johannes) sagt Jesus: „Ich kenne deinen Namen und deine Adresse. Ich kenne deine Arbeit und deine Verhältnisse. Ich weiß, was du tust." Jesus weiß über dich Bescheid. Er kennt dich und dein Leben in- und auswendig. Macht dir das was aus? Solange du Sachen machst, die vor Gott nicht OK sind, muß es dir ja peinlich sein, daß einer da ist, der alles von dir weiß. Deshalb verfallen ja viele Leute auf den Trick, zu behaupten, es gäbe gar keinen Gott und die Bibel wäre überholt. Weil sie wünschen, daß es keinen Gott gibt, behaupten sie, daß es keinen Gott gibt.

Es gibt Eltern, die haben nichts dagegen, wenn ihre Kinder die säuischsten Filme sehen, wo ihnen gezeigt wird, daß Lüge, Mord und Ehebruch ganz normal sind. Aber die gleichen Eltern machen Terror, wenn ihre Kinder in die Kirche gehen, wo ihnen gesagt wird, daß Lüge, Mord und Ehebruch gegen die Norm Gottes, also Sünde sind. Es gibt Eltern, die lassen ihre Kinder die geistlosesten Schundschwarten lesen. Aber die machen ein Faß auf, wenn ihre Kinder die Bibel lesen. Warum diese Angst vor der Bibel? Dieser Haß auf die Bibel? Weil sie die Wahrheit sagt. Weil sie sagt: „Gott kennt dich, und er ist mit deinem Leben nicht einverstanden." Weil sie sagt: „Es ist schrecklich, in die Hände des lebendigen Gottes zu fallen" (Hebr 10,31). Ja, das ist schrecklich für dich, wenn du Gott ungehorsam bist. Dann bist du im Gericht bei den Verurteilten.

Aber wenn du Gottes Willen tust, dann sieht die Sache ganz anders aus. Dann bist zu froh, daß er dich kennt. Denn dann kannst du wissen: Der Platz, an dem ich bin – dieser Arbeitsplatz mit seinen boshaften Kollegen, dieses Krankenbett mit seinen viehischen Schmerzen, diese Ehe mit diesem schwierigen Partner, dieses Land mit seiner Gottlosigkeit – das ist der Platz, auf den Gott mich ge-

stellt hat. Und Gott macht keine Fehler. Mit absoluter Sicherheit setzt der Getreideboß die Brüder auf die Plätze, fertig, und los geht die Fete: „Und sie tranken und wurden fröhlich.“ (1 Mose 43,34). Prost!
Am nächsten Morgen sacken die Brüder ihr Getreide ein und socken nach Hause, und da müssen sie schon wieder staunen: Kaum zum Stadttor raus, kommt ihnen das Überfallkommando nachgaloppiert und beschuldigt sie, sie hätten dem Getreideboß seinen silbernen Becher geklaut. Das weisen die Brüder entrüstet zurück. „Wir sind arm, aber ehrlich. Wir haben noch nie geklaut. Bitte – kontrolliert unser Gepäck – wetten, daß ihr nichts findet?“
Der Becher wird gefunden. Und zwar im Sack von Benjamin. Der hatte ihn tatsächlich nicht geklaut, sondern Josef, der Getreideboß, hatte ihn dort reinlegen lassen. Nicht, um seine Brüder reinzulegen, sondern um ihnen klarzumachen, daß sie gar nicht die Biedermänner sind, für die sie sich halten und ausgeben. Von wegen „Wir haben noch nie geklaut“! Allerdings, den Becher hatten sie nicht gestohlen. Das stimmte. Aber sie hatten viel Kostbareres gestohlen: dem Vater den Sohn, dem Bruder die Jugend – war das etwa nichts?
Darüber denken sie nach, während sie zu big boss zurücktransportiert werden. Als sie wieder vor ihm stehen, ist ihnen das Pochen auf ihre Anständigkeit vergangen. Jetzt ergeben sie sich. Als Sprecher tritt Juda vor und legt im Namen der Brüder ein umfassendes Schuldbekenntnis ab: „Gott hat eine Schuld von uns bestraft“ (1 Mose 44,16).
Diese Erkenntnis, dieses Bekenntnis ist es, was Josef bei seinen Brüdern erreichen wollte. Das ist es auch, was ich bei euch erreichen möchte. Ich weiß doch ganz genau, was ihr denkt, wenn ich hier von eurer Sünde spreche. Die meisten von euch, am meisten die Frommen, die füh-

len sich da doch gar nicht angesprochen, weil ihr doch alle solche Superchristen seid, weil ihr euch doch so Klasse findet. Im Fragekasten liegt keine Frage, keiner äußert ein Problem, keiner erscheint zur Seelsorge, bei euch ist alles paletti. Die paar unter euch, die einen handfesten Ehebruch oder sowas hinter sich haben, die wissen wenigstens, wovon ich rede. Aber die große Mehrheit, vor allem die Braven, ist doch im Grunde ihrer Seelen felsenfest davon überzeugt, vor Gott eigentlich keine Schuld zu haben. Mit euren glitschigen Seifenseelen entzieht ihr euch doch aalglatt dem Zugriff Gottes, indem ihr behauptet: „Ich habe keinen Ehebruch begangen. Ich habe meinen Bruder nicht verkauft. Ich habe meinen Vater nicht belogen. Ich bin nicht so einer wie diese Josefsbrüder."
Nein, so einer bist du nicht. Du bist bloß ein kleiner Pharisäer, der sich für besser hält als andere. Und deshalb sage ich: Josefs Becher ist in deinem Gepäck! In deinem Lebensgepäck ist Schuld! Woll'n wir mal nachgucken? Mal eine Gepäckkontrolle machen?

Hier stinkt's

Du sagst also, du bist kein Ehebrecher. Nein, du nicht. Du warst noch nie in einem fremden Bett. Aber erstens fängt der Ehebruch nicht im Bett, sondern im Kopf an. Jesus sagt: „Wer eine Frau ansieht, um sie zu begehren, der hat schon mit ihr die Ehe gebrochen in seinem Herzen" (Mt 5,28). Ich möchte den sehen, der in diesem Sinne kein Ehebrecher ist. Und zweitens: auf wie vielen Hochzeiten hast du gleichzeitig getanzt? Wie oft hast du deine Zugehörigkeit zu Jesus verleugnet? Wie oft hast du ihm die Treue gebrochen?
Du bist kein Dieb. Du hast noch nie was aus der Betriebs-

kasse genommen, keine Revisionskommission kann dir eine Unterschlagung nachweisen. Stimmt. Und das Geld, das du verdienst, und über das du im Gericht nochmal abrechnen mußt – was hast du damit gemacht? Du hast es für dich und deine Bedürfnisse verbraucht, und mit dem Kleingeld, was übrig war, hast du Gott abgespeist. Komm mir jetzt nicht mit dem Argument, daß du einmal im Monat hier die Kollekte hochtreibst mit deinem Fünfmarkstück. Das kannst du dir in den Hintern stecken, wenn das alles ist, was du für Gott übrig hast, und deine Zehnpfennigstücke brauchst du Gott gleich gar nicht anzudrehen. Gott erwartet von dir den Zehnten!

Du bist kein Mörder. Du hast wirklich noch keinen totgeschlagen. Und was hast du mit der Zeit gemacht, die Gott dir geschenkt hat? Wieviel kostbare Zeit, die du nach dem Befehl der Bibel ausnutzen sollst, hast du sinnlos vertrödelt und totgeschlagen? Abende lang geglotzt, stundenlang an der Straßenecke rumgeblödelt. Mensch, es genügt ja schon ein oberflächlicher Blick in dein Leben, und man entdeckt einen Haufen Sünden. Das stinkt ja zum Himmel, was da alles rauskommt! Du bist genau wie der Biedermann Benjamin. Der fühlt sich vollkommen unschuldig, als er seinen Sack öffnen soll: „Bitte sehr – ich bin clean." Und er muß die furchtbare Entdeckung machen: „Da ist was drin, was nicht reingehört, was meine Schuld beweist."

Ich wünsche dir, daß du heute diese furchtbare Entdekkung machst: In meinem Lebensgepäck ist Schuld. Natürlich kannst du deine Schuld verstecken. Du brauchst niemandem die Last zu zeigen, die du mit dir rumschleppst. Was soll's. Spätestens am Tage des Jüngsten Gerichts, bei der letzten großen Gepäckkontrolle, mußt du deinen Sack vor Gott auspacken. Dann kommt sowieso alles raus. Und wenn du dann mit einem Sack voll unvergebener Schuld vor Gott erscheinst, bist du verloren für ewig. Das möchte Jesus dir ersparen. Deshalb ist er in unsere Welt gekommen. Einer muß für deine Schuld bezahlen. Entweder du zahlst in der Hölle oder Jesus für dich am Kreuz. Laß ihn doch die Sache für dich übernehmen! Er möchte dir deine Schuld abnehmen und vergeben. Er möchte dich befreien und retten. Er möchte, daß du leben kannst – in dieser Zeit mit einem guten Gewissen und in der Ewigkeit mit ihm. Deshalb sagt Jesus heute zu dir: „Komm her und bring mir die Last deines Lebens. Pack aus, Mann. Lad ab. Gib her."

Was dich fertig macht,
das bring nur her zu mir.

Gott macht's gut

Eine Reisegesellschaft ist im kleinen Grenzverkehr ins Nachbarland gefahren. Es ist streng verboten, irgendwas zu kaufen, aber natürlich hat jeder sich irgendeine Kleinigkeit geleistet. In der Gesellschaft befindet sich auch ein Mönch. Als leidenschaftlicher Kaffeetrinker kann er nicht widerstehen und ersteht zwei Päckchen Tschibo. Auf der Rückreise vor der Zollgrenze klemmt er sich die Päckchen unter die Arme, eins rechts, eins links, und hält die Arme so vorm Bauch verschränkt, wie das die Mönche eben so machen.
Als der Zöllner im Bus zu ihm kommt, kommt die unvermeidliche Frage: „Haben Sie was gekauft?"
Atemlose Stille im Bus. Jeder weiß, daß ein Mönch nicht lügen darf, und alle sind gespannt, was er sagen wird.
Er sagt: „Ja, ich habe zwei Päckchen Kaffee gekauft."
Der Zöllner: „Kann ich die mal sehn?"
Antwort: „Das geht leider nicht. Ich habe den Kaffee bereits unter den Armen verteilt."

Big Peng für little Ben

So gut kam Benjamin nicht durch die Gepäckkontrolle. Benjamin, ein harmloser Unschuldsknabe, war plötzlich zum schwarzen Schaf erklärt worden. Man hatte zu seinem Schreck in seinem Gepäck den silbernen Becher des ägyptischen Ministerpräsidenten gefunden. Ben kam zu dem Becher wie der Blinde zur Ohrfeige. Er hatte ihn wirklich nicht geklaut, sondern der Präsident selber hatte

Ben den Becher untergejubelt. Fakt war, der Becher war in Ben's Gepäck, und deshalb sollte er in Ägypten bleiben und sterben. Den übrigen Brüdern erlaubte der Ministerpräsident die Heimreise: „Ihr könnt ausreisen. Go home. Ihr seid frei. Good bye."

Jetzt war die Frage: Würden sie ihren Bruder im Stich lassen oder nicht? Schon einmal hatten sie einen ihrer Brüder verlassen. Das war der Josef. Der paßte ihnen nicht, weil ihnen seine Träume nicht paßten. Wer von einer anderen Zukunft träumt, ist demnach mit der Gegenwart unzufrieden, ist also ein Kritiker, der die Veränderung der Machtverhältnisse betreibt.

Josef hatte geträumt: Er steht groß da, und seine Brüder verneigen sich – also ein Umstürzler ist er. Solche Leute haben's schwer. Die hat man schon immer gern mundtot gemacht, aus dem Weg geräumt, abgeschoben.

Martin Luther King, dessen berühmteste Rede begann: „Ich habe einen Traum ...", wurde erschossen. Josef, der Träumer, wurde nach Ägypten abgeschoben und verkauft.

Das war nun vor zweiundzwanzig Jahren. Jetzt ist der Traum erfüllt. Die Brüder stehen vor Josef. Ihr Leben hängt von ihm ab. Sie ahnen nicht, daß der Mann, vor dem sie stehn, ihr Bruder Josef ist. Sie ahnen nicht, daß Josef die ganze Geschichte mit dem Becher bloß inszeniert hat, um sie auf eine allerletzte Probe zu stellen. Er will rauskriegen, ob seine Brüder noch genauso brutal sind wie damals – ohne Bruderliebe, ohne Vaterliebe – ober ob sie sich geändert haben. Und er sieht sie gespannt an: Werden sie die angebotene Chance, mit heiler Haut in die Freiheit zu reisen, annehmen? Oder werden sie soviel Charakter haben zu sagen: „Wir lassen unseren Bruder nicht im Stich"?

Besser Tränen im Hals als völlig vertrocknet

Da tritt Juda vor. Er sagt: „Eigentlich sind wir zwölf Brüder. Seit einer unserer Brüder – äh seit der – äh nicht mehr da ist, ist unser alter Vater untröstlich. Er hängt jetzt mit seiner ganzen Liebe an unserem Jüngsten, dem Benjamin. Den wollte er schon nicht mit hierher ziehen lassen, sondern hat gesagt: ‚Wenn dem was passiert, bedeutet das meinen Tod.' Wir können ohne den Ben nicht nach Hause kommen. Das würde unser alter Vater nicht überleben. Ich bitte dich daher: Laß Benjamin frei und laß mich an seiner Stelle hier bleiben, damit mein alter Vater nicht vor Kummer stirbt."

Das ist der Beweis der Sinnesänderung, auf den Josef gewartet hat. Das ist nicht mehr derselbe Juda, der vor zweiundzwanzig Jahren eiskalt den Vorschlag gemacht hatte: „Laßt uns den Josef verkaufen." Das ist ein anderer, ein neuer Juda, der seine Freiheit, seine Familie, sein Lebensglück, sein Leben hingibt, um seinem Vater den Schmerz zu ersparen und seinem Bruder die Freiheit zu erwerben. Das ist der Juda, aus dessen Geschlecht später der geboren wird, der sein Leben zur Rettung der Menschen hingibt, denn Jesus stammt aus dem Stamm Juda.

Als Juda sein Leben für das Leben Benjamins anbietet, ist für Josef die Sache gelaufen. Er kann sich nicht länger beherrschen. Er schmeißt sämtliche Ägypter samt Dolmetscher aus dem Saal.

Und als er dann mit seinen Brüdern allein ist, fängt er hemmungslos an zu heulen. Die Brüder verstehen nicht, was das nun wieder bedeuten soll. Aber alles, was Josef getan hatte, seine ganze Hoffnung hatte sich darauf konzentriert, daß sich seine Brüder ändern, umkehren und neue Menschen werden. Als er jetzt erleben darf – sie sind neu geworden – da löst sich die Spannung der letzten

Tage und die Freude der letzten Minuten in einem Strom von Tränen auf.
Ich habe schon manchen hier vorn stehen und mit den Tränen kämpfen gesehen. Und ich muß selber manchmal mit den Tränen kämpfen, wenn ich sehen kann: einer, mit dem ich stundenlang geredet habe, um dessen Seele ich mit den Mitarbeitern gekämpft und gebetet habe, bekehrt sich und fängt ein neues Leben mit Gott an. Ich finde es gut, wenn ein Mann noch weinen kann. Das gilt zwar heutzutage als unmännlich, aber ich finde: Ein Mann, der nicht mehr weinen kann, ist unmenschlich. Ich meine echte Tränen, nicht das sentimentale Rumgeheule bei Frau Meineschraker, wo vor Rührung die Moderatorin heult, die Kandidaten heulen, das Publikum im Studio heult und die halbe Nation vorm Fernseher das Sofa mit Tränen benetzt. Die Menschen werden immer sentimentaler und gleichzeitig immer roher. Echtes, starkes Gefühl wie Mitleid wird immer seltener. Wir sehen täglich im Fernsehen schreckliche Grausamkeiten, aber wir sind als Augenzeugen blind geworden für das Leid. Wir hören von Unglücken, ohne auch nur mit der Wimper zu zucken, und darauf sind wir noch stolz. Aber was wir stolz „Selbstbeherrschung" nennen, ist weiter nichts als Gefühllosigkeit und seelischer Notstand. Mir graut vor Menschen, die so hart sind, daß sie kein echtes Gefühl mehr zeigen können. Männer, die zu keiner Träne fähig sind, sind zu allem fähig. Josef war kein Weichling und kein modischer Macho. Er war ein Mann, der der Versuchung mannhaft widerstanden hat, der das Gefängnis durchgestanden hat. Der war abgehärtet, aber nicht verhärtet. Josef heult Rotz und Wasser, und es ist ihm schnuppe, daß man das im ganzen Palast hört und die gesamte Dienerschaft traubenweise an den Schlüssellöchern hängt und seine Brüder ihn fassungslos anstarren.

Wieso ein Haufen Mist noch nicht das Ende ist

Als er sich wieder in der Gewalt hat, sagt er zu den Brüdern – ohne Dolmetscher, in ihrer Muttersprache: „Ich bin Josef." Da verschlägt's denen die Sprache. Sie prallen zurück und quetschen sich kreidebleich wie die Wand an die Wand und sagen kein Wort mehr. Wie sie sich so gegenüberstehen, der Josef und seine Brüder, da denken sie: „Jetzt ist es aus. Jetzt macht er uns fertig. Jetzt kommt die Rache."

Stattdessen sagt Josef: „Kommt doch her zu mir."

Vorsichtig treten sie ein paar Schritte nach vorn. „Ehrlich, ich bin Josef, euer Bruder, den ihr nach Ägypten verkauft habt."

„Siehst du", denken die Brüder, „er hat es also doch noch nicht vergessen."

Nein, vergessen hat er es nicht, und er kann es auch nicht verschweigen, und Schuld muß offen beim Namen genannt werden.

„Aber habt doch keine Angst, ich würde euch zürnen, weil ihr mich hierher verkauft habt, denn Gott wollte es so. Er hat mich vorausgeschickt, um euch zu retten" (1 Mose 45,4f).

Die Brüder denken, sie hören nicht recht. „Wir haben den verkauft, und der sagt, das hat Gott so gewollt?"

Josef wiederholt: „Gott hat mich vor euch vorausgesandt."

Und ein drittes Mal: „Nicht ihr habt mich hierher geschickt, sondern Gott!"

Das ist die große Erkenntnis, die Josef aus seinem verworrenen Lebensweg als Sklave, Zuchthäusler und Minister gelernt hat: Es war Gott, der ihn so geführt hat. Nicht ein blindes Schicksal. Kein Zufall. Kein Stern. Kein Glücksschwein. Nein, es war Gott. Gott macht's gut.

Seine Brüder, die ihn verkauften, waren nur Gottes Werk-

zeuge. Ohne ihr Wissen, gegen ihren Willen haben sie geholfen, Gottes Plan zu erfüllen.
Wenn Gott ein Menschenleben in die Hand nimmt, dann kann nichts und niemand es aus seiner Hand reißen. Gegen Gott kommt keiner an, auch nicht die vereinigte Bosheit einer ganzen Brüderschaft. Es gibt Leute, die wollen uns Böses tun und die tun uns Böses. Und Gott läßt es zu. Aber Gott dreht das so, daß am Schluß was Gutes für uns rauskommt. Das ist Josefs große Erkenntnis. Deshalb sagt er später zu seinen Brüdern: „Ihr gedachtet es böse mit mir zu machen, aber Gott gedachte es gut zu machen" (1 Mose 50,20).
Du hast Kumpels, die dir deine Freundin nicht gönnen und dich austricksen wollen. Du hast Kollegen, die dich um deinen Job beneiden und dir Knüppel in den Weg schmeißen, damit du stolperst. Du hast Geschwister oder Hausbewohner, die sich immer was Neues einfallen lassen, um dir zu schaden. Du fühlst dich verkannt, ausgenutzt, ungerecht behandelt, diskriminiert, benachteiligt, hilflos den Machenschaften einer Mafia ausgeliefert. Wenn du ein Kind Gottes bist, dann gilt auch für dich: „Ihr gedachtet es böse mit mir zu machen, aber Gott gedachte es gut zu machen."
In der Schule hatte ich eine spezielle Feindin, die Schulleiterin. Eine echte Parteihyäne, die sich maßlos darüber ärgerte, daß ich mit dem Bekenntniszeichen der Jungen Gemeinde, dem Kreuz auf der Weltkugel, zum Unterricht kam. In meiner Klasse hatten sich drei Schüler zum Theologiestudium gemeldet. Zwei davon fielen durchs Abitur, einer davon war ich. Als ich durchs Abitur geflogen wurde, war für mich erstmal alles im Eimer. Zwei Jahre später wurde ich rehabilitiert, konnte mein Abi nachholen und begann an der Uni das Studium der Theologie. Am Ende wurde ich wieder aus der Uni geworfen, weil ich, wie der

Theologieprofessor Hans Moritz in einem Gutachten für die Stasi schrieb, „in politischer Hinsicht völlig ungeeignet" sei. Wieder war der Ofen aus. Ich war ein Jahr arbeitslos. Und wo bin ich schließlich gelandet? Genau dort, wo Gott mich hinhaben wollte – auf der Kanzel. Da bin ich zwar erst drei Jahre später hingekommen als meine Altersgenossen. Aber die drei Jahre, die wie ein Verlust aussahen, sehe ich jetzt als Gewinn. Ich habe in der Zeit meine Frau kennengelernt. Ich hatte Zeit, intensiv zu studieren und mein erstes Buch zu schreiben. Also ich muß schon sagen, mir ist die Bosheit meiner Feinde bestens bekommen.

In der Bibel steht mein Lieblingsvers: „Wir wissen aber, daß denen, die Gott lieben, alle Dinge zum Besten dienen" (Röm 8,28). Alle Dinge! Auch die Gemeinheiten unserer lieben Mitmenschen. Auch die schwersten Schicksalsschläge. Auch die Krankheit. Krankheit kommt nicht von Gott, aber Gott kann aus der Krankheit für uns was Gutes machen. Als ich vor Jahren einen Herzinfarkt bekam, war das für mich eine Katastrophe. Ich sehe das auch jetzt noch als Katastrophe, aber ich sehe, wieviel Gutes dadurch für mich rausgesprungen ist. Ich sage nicht, daß Herzinfarkt was Gutes ist. Ich sage nicht, daß Krankheit was Gutes ist. Ich sage nur, daß Gott für mich was Gutes daraus gemacht hat. Ich möchte gerade dieses halbe Jahr meines Lebens, als ich auf der Nase lag, nicht missen. Es ist mir kostbar geworden, und ich danke Gott dafür.

Selbstverloren andern in den Ohren bohren

Gott ist nicht die Ursache des Bösen. Er tut auch das Böse nicht. Er verhindert es auch nicht, jedenfalls nicht in je-

dem Falle. Aber er benutzt es, um für seine Kinder was Gutes draus zu machen.
Ich behaupte nicht, daß du dann, wenn du mit Gott lebst, nur Gutes erlebst. Im Gegenteil, in mancher Hinsicht wird dein Leben schwerer, als wenn du ohne Gott lebst. Gott hat den Josef reinrasseln lassen in die Grube, in die Sklaverei, ins Gefängnis. Und auch du wirst den Gemeinheiten und dem Leiden nicht entgehen. Aber wenn du, wie Josef, ein Kind Gottes bist, wenn du ihn liebst, dann gilt auch für dich die Verheißung, daß denen, die Gott lieben, alle Dinge zum Besten dienen. Gott kann aus dem Mist, den du baust und den die Mitmenschen machen, noch was Gutes machen. Gott kann, wie Martin Luther sagt, „aus Scheiße Gold machen".
Das hat Josef erlebt. Als den letzten Dreck hatten ihn seine Brüder weggeworfen, ihn als Kettensklaven an die Ägypter verhökert. Als den ersten Mann Ägyptens, behängt mit einer Goldkette, treffen sie ihn wieder.
Josef weiß: seine Position verdankt er Gott. Und seine Brüder sind nur Werkzeuge in dessen Hand. Deshalb gibt es für ihn keinen Gedanken an Rache, sondern er kann seinen Brüdern verzeihen. Er fällt ihnen um den Hals, und nachdem sie sich ausgeweint, ausgesöhnt und ausgesprochen haben, schickt er sie mit ganzen Wagenladungen voller Geschenke zurück – sie sollen den alten Vater holen.
Das ist nun nochmal ein schwerer Weg. Denn so schön es ist, daß sie mit Simeon und Benjamin und der Nachricht, daß Josef lebt, zurückkommen – sie müssen ja auch erklären, *wieso* Josef lebt. Schließlich hatten sie ja vor Jahren dem Vater das blutverschmierte Hemd Josefs geschickt mit der Bemerkung: „Sieht aus wie das Hemd Deines Sohnes. Scheint die Vorfahrt eines Löwen nicht beachtet zu haben ..."

Jetzt müssen sie dem Vater alles beichten. Das tun sie. Aber der glaubt ihnen kein einziges Wort. „Zweiundzwanzig Jahre lang habt ihr mir erzählt, Josef ist tot, und jetzt heißt's, er lebt, und dazu noch als Ministerpräsident von Ägypten? Ihr spinnt ja! Das sind doch Märchen für verkalkte Altersheiminsassen! Ich hab doch noch keine Alzheimer! Ich bin doch nicht verblödet!"
Solange er von seinen Söhnen bloß was zu hören bekam, glaubte er nicht. Das änderte sich erst, als er was zu sehen kriegte.
Dein alter Vater, deine alten Kumpels und Kollegen sind vielleicht auch ungläubig. Und du agitierst die mit frommen Sprüchen, erzählst, wie wichtig und schön es ist, Christ zu sein, wie froh das macht und wie liebevoll. Und dann sehen die deine mucksche Flappe und dein liebloses Verhalten, und sie glauben dir nicht. Sei lieb zu deinem alten, unbekehrten Vater, sei aufmerksam und fair zu deinen ungläubigen Kollegen. Zeig denen mal durch Taten, was du von Jesus hast.
Als der alte Jakob sieht, was für noble Geschenke Josef mitgeschickt hat, kommt er aus dem Rumpf. Da wippt er sich aus seinem Schaukelstuhl, und auf geht's nach Ägypten: „Ich will ihn sehen."

Gott in den Armen liegen

Und dann sieht er ihn, und Josef sieht seinen Vater. Sie sinken sich in die Arme. In diesem Moment sind zweiundzwanzig Jahre Leid und Sehnsucht und Tränen und alles vergessen.
So einem Moment gehen wir auch entgegen. Wir werden Jesus sehen. „Wir werden ihn", so steht in der Bibel, „sehen, wie er ist" (1 Joh 3,2). Wer weiß, was sich die Leute

alles noch ausdenken werden, um dich und Jesus auseinanderzubringen. Ich bitte dich: Laß dich durch nichts und niemanden von deinem Glauben abbringen, denke an Josef! Den hatten sie mit Gewalt von seinem Vater getrennt, verkauft, verleumdet, eingebuchtet. Dem haben sie eingehämmert: „Du bist ein Nichts, ein Träumer, ein Idealist, ein Stück Dreck, ein nutzloses Glied der Gesellschaft.“ Es hat alles nichts genützt. Josef blieb dabei: „Ich bin ein Kind Gottes!“

Und dem alten Jakob haben sie eingetrichtert: „Dein Sohn Josef ist seit zwei Jahrzehnten tot. Den siehst du nie wieder.“ Genauso, wie sie euch eintrichtern: „Euer Jesus ist tot. Der ist seit zwei Jahrtausenden tot, den seht ihr nie wieder.“

Doch, wir werden ihn sehen, wenn er kommt, zu richten die Lebenden und die Toten. Du wirst ihn sehen, du wirst vor ihm stehen, wenn er zu den einen sagt: „Fort von mir, ihr Verfluchten“, und zu den anderen: „Kommt her, ihr Gesegneten meines Vaters, und erbt das Reich“ (Mt 25). Auf diesen Moment läuft überhaupt alles hinaus, die Weltgeschichte und die Geschichte deines Lebens. Alles andere ist zweitrangig. Nur eins ist wichtig, nämlich daß du dann, wenn Jesus wiederkommt, auf seiner Seite stehst. Ich bitte dich: Entscheide dich für Jesus, solange du dazu die Gelegenheit hast. Heute hast du sie. Ob du sie morgen hast, weiß ich nicht.

Ich war mal zu einer Jugendevangelisation in Meißen. Dort war ein Jugendwart, ein kerngesunder, runder junger Mann, verheiratet, ein Kind, ein strahlender Christ mit einer brennenden Liebe zu Jesus, ein echter Jesusjünger. Er starb durch einen Autounfall. Frontalzusammenstoß. Tot. Aus. Schluß. Von einer Sekunde zur andern. Der Reinhard Berger hatte keine Zeit mehr, sich zu entscheiden. Der Tod traf ihn überraschend wie der Blitz, aber nicht unvorbereitet. Er hatte sich darauf vorbereitet, einmal in den Himmel zu kommen. Als ich mich in Meißen unter der Elbbrücke von ihm verabschiedete, da hat er zu mir gesagt: „Christen brauchen sich ja nicht für immer zu verabschieden. Wir sehen uns auf alle Fälle wieder im Himmel."

Ich sehe den Reinhard auf dieser Erde nicht wieder. Aber wenn ich das Lied „Komm, geh mit mir in das Land" singe, wo es in einer Strophe heißt „viele Freunde sind schon dort", dann denke ich an meinen Freund. Denn Gottes Reich – das ist auch mein Lebensziel. Da geh ich hin.

Was ist dein Ziel? Wo gehst du hin? Was ist, wenn du stirbst? Ich weiß: Wenn ich sterbe, heute sterbe oder in vielen Jahren, wenn einmal alles vorbei ist, dann steht Jesus da und nimmt mich in seine ausgebreiteten Arme. Und in dem Moment ist dann alles andere vergessen: die Schinderei, die Gräber, die Beleidigungen, die Kämpfe und die Leiden. „Und Gott wird abwischen alle Tränen von unseren Augen." Und wir alle werden nur noch Licht sehen. Wir werden Jesus sehen, wie er ist. Er ist das Licht.

Durch den Tod, durch Gericht,
führ mich, Herr, zu deinem Licht.
Nimm mich, Herr, bei der Hand
und führ mich heim.

... und noch mehr von Theo Lehmann

Theo Lehmann

Hör auf zu labern, fang an zu leben!

30 Sekundentexte

Taschenkalenderformat
64 Seiten, mit Karikaturen von Thomas Putze
ISBN 3-7615-4961-X
Bestell-Nr. 154 961

Ob Gott die Dünnen lieber sind als die Dicken, warum das Leben kein Kreuzworträtsel ist und was das alles mit Weihnachten zu tun hat, läßt sich hier in kurzen Worten nachlesen – trotzdem kein Fast-Food-Evangelium, sondern kerniges Lebensbrot.

Im Aussaat Verlag

Theo Lehmann

Lieber brennen als pennen

30 Sekundentexte

Taschenkalenderformat
48 Seiten, mit Karikaturen von Thomas Putze
ISBN 3-7615-4984-9
Bestell-Nr. 154 984

Erklären Sie mal in 30 Sekunden einem andern, wie gut das ist, zu Jesus zu gehören!
Gut zum Verschenken, besser zum Einlenken, am besten zum Umdenken – garniert mit flotten Bildchen von Thomas Putze.

Im Aussaat Verlag

Theo Lehmann

Der Sound der Guten Nachricht

Mahalia Jackson – Gospelmusik ist mein Leben

160 Seiten, mit 19 s/w-Fotos
ISBN 3-7615-3571-6
Bestell-Nr. 113 571

Noch nie hat es eine Sängerin christlicher Lieder gegeben, die ein solch millionenfaches Publikum erreicht hat wie Mahalia Jackson. Aber das Erstaunliche ist, daß diese Sängerin des Evangeliums, die in der ganzen Welt gehört und geehrt wurde wie sonst nur wenige andere Künstler, nie eine musikalische Ausbildung erhalten hatte und noch nicht einmal Noten lesen konnte. Dieses Buch ist wohl die gelungenste Darstellung ihres harten Lebens und ihrer mutmachenden Botschaft. Vor 25 Jahren starb die „Queen of Gospel", aber ihr Sound der Guten Nachricht swingt durch die Zeit.

Im Aussaat Verlag